제가 갖고 태어난 것 그 이상이 되도록 응원해주시는 분들께 감사합니다. 이 모든 생각과 용기의 근원인 마작가네 사랑방 구독자들, 공부방 벗님들, 그리고 작가워크샵 동료 작가님들께 감사합니다. 사랑의 원천인 김미리, 마규원, 마해준에게도 다시 한번 마음을 전합니다.

늘 도움을 아끼지 않는 김태균 대표님과 응원해주시는 윤혜정 팀장님 그리고 씨앤컴 식구들께 감사합니다.

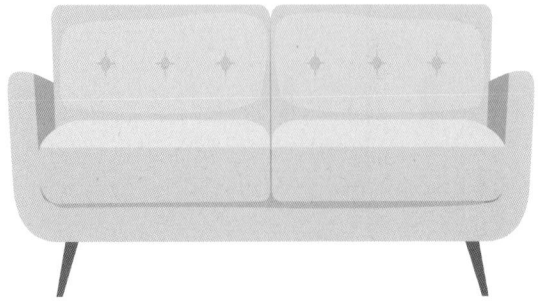

방황하는 사람은 특별하다

발행일 2021년 8월 15일 초판 1쇄. 모두의 독립을 기원하며.
지은이 마작가
펴낸곳 페스트북 미디어 사업부
경기도 안양시 동안구 벌말로102번길 49 스마트베이 II
편집부 creative@festbook.co.kr
Copyright (c) 마형민, 2021, Printed in Korea.
ISBN 979-11-91611-33-5 03190

값 18,000원

Reinvent

방황하는 사람은 특별하다

50대가 고유한 내 인생을 재발견하는 마지막 기회라면

마 작 가

저자 소개

마작가는 강원도 춘천에서 태어났고 서강대학교를 졸업했다. 브랜드 전략가로써 시애틀 본부와 함께 스타벅스 CPG 비즈니스의 한국 진출 시 신제품 개발, 비즈니스 모델 및 마케팅 캠페인 셋업에 참여했다. 유럽계 다국적 기업에서 4개 국적의 글로벌 브랜드 마케팅 팀 리더 그리고 아태지역 전략 트레이너로 활동했다.

저서로 에세이 〈육림공원 원숭이: 90년대를 함께 살아간 X, Y 세대에게〉와 예스24 베스트셀러로 선정된 실용서 〈쇼핑몰 위탁판매 이래도 어려워요? 자는 동안에도 돈이 들어오는 수입 다각화의 첫 단계〉 그리고 1% 더 전략적으로 사는 방법을 알려주는 자기계발서 〈내 젊은 날에 보내는 비밀 레시피〉가 있다.

자기답게 살기 위한 방법으로써 독립의 중요성과 퍼스널브랜딩에 대해 컨설팅 및 강연을 병행하고 있다. 본인을 탐구하여 한 권의 책으로 출판하는 것을 돕는 작가 워크샵을 진행하고 있다. 워크샵에서 얻은 시행착오를 담은 〈팔리는 콘텐츠의 한 가지 이유〉를 출판했다. 블로그와 마작가.com 그리고 유튜브 채널 〈마작가네 사랑방〉에서 〈월든〉에서 영감받은 저자의 반쪽짜리 숲속생활을 만날 수 있다.

1부

이 시대의 등불은
한 방향을 가리키고 있다

2부

나는 왜 마작가가 되었나

3부

숨겨진 나

4부

더 늦기 전에

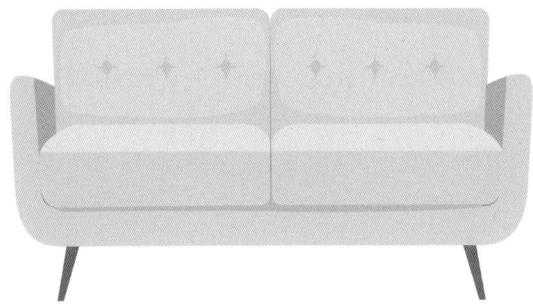

5부

다락방 열쇠 꾸러미

6부

희망도 절망도 없이

서문

　나는 방황하는 사람들이 얼마나 특별하고 아름다운 존재인지 말하기 위해 이 책을 썼다. 방황하는 사람들이 자신의 특수한 사명을 발견하고 자신의 진짜 인생을 되찾길 바라는 마음이다.

　나는 이 책을 기획할 때부터 '어떤 사람들'을 마음에 두고 시작했다. 스스로를 방황한다고 여기는 사람들이다. 이들은 뭔가를 잃어버린 사람처럼 여기저기 기웃거린다. 겉으로 보기엔 단단한 사람처럼 보일지도 모른다.

　그러나 자기 스스로는 그렇게 생각하지 않는다. 이를테면 내 옷이 아닌 남의 옷을 입고 있다고 생각한다.

　아직 발견하지 못한 내 길이 있다고 생각한다.

　주변 사람들은 동의하지 않을지도 모른다. 공감하지 않을 확률이 많다. 그래서 이들의 방황은 점점 더 내면으로 숨는다.

혹시 당신의 이야기인가? 그렇다면 당신은 특별하다. 방황하기 때문에 특별하다.

방황하는 사람은 유별난 사람이 아니다. 특별하고 아름다운 사람이다. 왜냐하면 아무나 방황하는 게 아니기 때문이다. 현실에 안주하는 사람은 방황하지 않는다.

탐험가들이 방랑하는 것처럼 보이는 것과 같다.

방황하는 사람들은 무얼 찾고 있을까. 특별한 사명과 의미이다. 방황하는 사람들은 더 고차원적인 욕구의 계단으로 기꺼이 올라가려는 사람들이다. 누가 시켜서 그러는 게 아니다. 내면의 욕구가 내는 목소리다. 그런 아름다운 내면을 가진 사람이기 때문에 특별하다.

이들은 자신이 가진 것 이상이고 싶어 한다. 지금껏 자신이 살아온 것 이상의 나를 꿈꾼다. 이들은 사람들이 기대하는 세속적인 것 그 이상의 존재로 변화하고 싶어 한다. 나를 새롭게 정의하고 창조하는 과정이 필요하다 – 바로 Reinvent 라는 이 책의 부제처럼 말이다.

그러나 안타깝게도, 이 거룩하고 특별한 욕구를 가진 사람들은 자신의 상태를 기껏해야 '방황'이라는 다소 거친 현실 언어로 표현하고 있다.

그러므로 이 책은 방황하는 사람들에게 헌정하는 책이다. 그들은 삶이 자신에게 묻는 바를 대답하기 위해 방황하는 철학자들이다. 방황이라는 이름 아래에 당신이 얼마나 특별한 여정을 겪고 있는지 말해주고 싶었다. 당신의 여정은 방황처럼 보이지만 사실은 탐험이다. 그리고 당신의 고난을 드러냄으로써 **방황을 특별한 의미와 사명으로 바꿀 수 있다는 것**을 알려주고 싶었다. 실제 행동으로 옮기는 것을 돕기 위해 후반부에 일상 생활에서 실행할 수 있는 유용한 도구들에 대해서 소개했다. 그 부분에서 내가 반복적으로 언급하는 '다락방으로 들어가는 열쇠 꾸러미'는 실리적인 도움을 뜻하는 비유이다.

방황과 의미를 설명하기 위해 나는 심리학, 경영학을 아우르는 인간의 욕망에 대해 먼저 설명했다. 브랜드 전략가 출신으로 갖고 있는 인사이트가 묻어나도록 노력했다. 이런 이유로 초반부는 다소 딱딱하게 느껴질 수도 있다. 잘 읽히는 2부부터 읽는 것을 추천한다. 딱딱한 부분이 나왔다면 완벽하게 소화하지 못하더라도 책장을 계속 넘기기 바란다. 인생에서 고난이 닥쳐와도 앞으로 계속 걸어가야 하듯이.

"다락방"을 소개하는 대목에서는 참신한 재미를 느낄 거라고 생각한다. 다락방은 방황이 의미로 바뀌는 변곡점을 뜻한다. 이 책에서 내가 반복해서 말하는 메타포이자, 이 거룩하고 특별한 욕구를 형상화한 결과물이다.

　다락방이라는 메타포와 욕구에 대한 설명 방식이 다소 이론적이라고 생각할지도 모르겠다. 하지만 이 모든 것은 내가 겪은 고난에서, 그리고 브랜드 전략가라는 내 특수한 사고 프레임을 통해 발견한 것이다. 부끄럽지만 내 이야기를 들려주기로 마음 먹은 이유다. 내 개인적인 이야기를 통해 마작가라는 사람 역시 방황하는 동지이며 도반이라고 생각해주길 바란다. 나 역시 여러분과 함께 특별한 사람이고 싶은 소망이 있기에, 독자들과 공감할 수 있는 최소한의 자격을 증명했다고 생각해주면 감사하겠다.

　1부에서는 이 특수한 욕구를 설명하기 위해 메슬로우의 욕구 단계이론에서 출발한 현대 브랜드전략을 언급했다. 1부를 읽고 난 독자들은 자신의 방황이 사실은 특별한 내면 욕구에서 출발했다는 것에 위로를 받고 삶의 의미를 다시 보게 될 것이다.

　2부와 3부에서는 내 경험담을 꺼냈다. 몇 번의 반복 끝에 작가와 강연가로써 자립을 결정하게 되는데, 그 과정에서 1부에서 언급한 다양한 욕구들이 순차적으로 나타났기 때문이다. 또한 나자신의 경험담에 브랜드전략의 요소를 가미함으로써, 방황하는 사람들이 자신을 돌아보고 고유성을 발견하는 방법을 설명했다.

　4부부터는 인문학적 근거와 사회과학적 연구결과를 바탕으로 독자들에게 변화를 호소했다. 과학적으로 봤을 때 진정한 변화를 이끌어내는 시기는 50대가 마지막 기회일 수 있기 때문이다. 변화에 대한 두려움은 아주 일시적이며, 이 기회를 놓쳐서 안 되는 이유에 대해 설명했다. 그리고 5부에서는 이런 다짐이 현실적인 실행으로 이어지도록 구체적인 방법을 제시했다. 이 방법으로 참나를 찾으면서 한편으로는 방황하는 사람들과 연대하는 길을 보여주고 싶었다.

이 책을 쓰면서 나는 정신 나간 시도를 했다. 예비 독자 몇 분께 쓰레기 초고에 대한 피드백을 요청한 것이다. 정말 쏟아내듯이 쓴 초고였기에 꺼내기 부끄러웠음을 부인할 수 없다. 그 과정에서 내 초고 피드백 평가단에 기꺼이 지원하고 아낌없는 의견을 주신 블로그 강사 따뜻한 오지라퍼 정서진 작가님, 강사들에게 1인 기업의 길을 제시하는 케일라 윤희정 작가님, 518 광주민주화운동 진상규명위원회의 전미선 작가님 그리고 아동 교육에 힘쓰고 계신 김희재 예비 작가님께 진심으로 감사의 말씀을 드리고 싶다.

불과 얼마 전까지만 해도 나는 직장인이었다. 회사는 내 인생의 많은 부분을 차지했다. 그러나 회사는 내 인생에서 의미를 가져다 줄 수 없었다. 이런 사실을 매일 확인했다. 십 수년 간 누구보다 거칠게 방황하던 사십 대의 애 둘 아빠였다. 때문에 그 느낌이 아직도 입에 씹히는 것 같다. 하지만 지금은 아니다. 더 다듬어야겠지만 나는 내 인생을 살기 시작했다. 시간이 많지 않다는 것을 깨닫고 실행하기로 한 것이다. 고 구본형 선생의 멋진 비유처럼, 나는 남의 나무에서 내려와 내 나무 한 그루를 심기 시작했다. 더 단단히 뿌리내리는 일이 남았다. 어린이들은 오르락 내리락하며 내면의 근육을 키우고, 고단한 분들은 그늘 아래에서 쉴 수 있는 그런 나무가 되고 싶다.

여러분을 다락방으로 초대한다. 아주 특별하고 귀한 분들을 모시고 싶다.

그 방에 있는 창으로 다가가 유리에 호호 입김을 불자. 그리고 소매로 닦아 보자. 내 모습이 유리에 비칠 테지만, 그 모습은 매우 낯설 것이다. 아마도 여러분은 그게 자신인지 알아보지 못할 것이다. 왜냐하면 나를 초월한 내 모습은 상상치 못한 광채를 뿜어낼 것이기 때문이다.

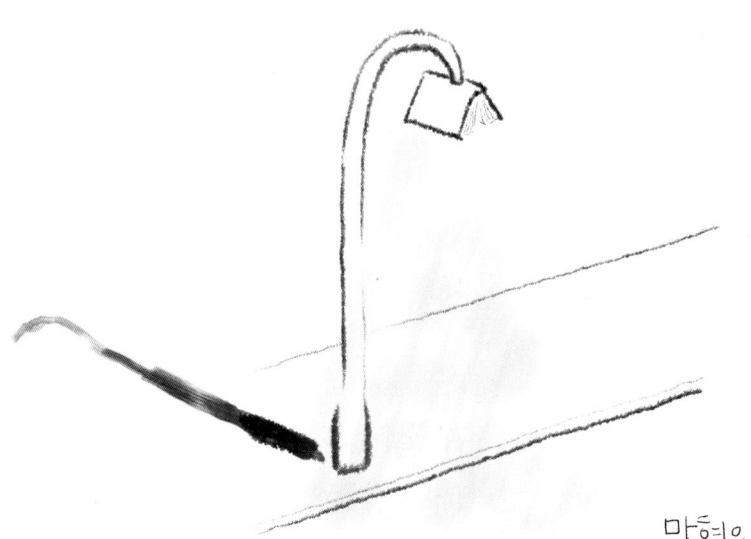

마흥이,

I.

이 시대의 등불은
한 방향을 가리키고 있다

벌이 꽃 향기를 따르듯이

1

벌은 꽃향기를 따라다닌다. 그렇다면 인간은 무엇에 이끌리는 가.

이 질문에 정답을 제시한 사람들은 시대에 따라 족장이나 제사장, 혹은 교회 또는 왕, 아니면 생물학자 등이었다.

현대 사회에서 시대적 상징성을 부여 받은 "자본주의의 제사장", 나는 그들이 마케팅 전략가라고 생각한다. 부호들의 후원을 받은 르네상스 시대 예술가들처럼, 마케팅 지식인들은 소비재 회사의 자본을 등에 업고 지금까지 인류가 발견한 모든 지식과 스킬과 통찰력을 하나로 융화하였다.

2

벌이 꽃향기를 맡으며 여기저기 여행하는 것처럼 사람은 욕망을 따라 움직인다. 욕망은 우리를 행동을 이끌어 내는 버튼과 같다. 마치 DNA를 연구하듯이, 인간의 욕망도 샅샅이 연구되기 시작했다. 자본가와 소비재 회사들은 그 지도가 간절했다. 이 지도를 손에 쥐면 소비자들의 욕망을 부추겨 자신의 브랜드를, 상품을, 서비스를 팔 수 있기 때문이다.

인류의 욕망은 더 이상 배고픔을 해결하거나 안전한 피난처에서 잠을 자는 게 아니다. 반드시 필요한 것만 아껴서 사용하던 수만 년 인류의 전통은 이미 깨진 지 오래다.

현대 인류는 필요가 아닌 선택과 충동에 의해 소비하는 최초의 세대이다. 자본주의는 소비로 인해 굴러간다. 각종 브랜드는 자신을 선택하라고 우리에게 소리친다.

나 어때요. 갖고 싶지 않아요?

이것이 소비자본주의 DNA가 자가증식하는 공식이다. 모든 DNA가 그런 것처럼, 이 DNA가 스스로를 더 널리 퍼뜨리기 위해서 반드시 공급되어야 할 먹이가 있다. 그것은 욕망이다.

욕망의 지도.

이 지도를 만들기 위한 비밀 위원회에는 위원장인 마케팅 전략가 외에도 진화심리학자, 정신의학자, 뇌과학자, 사회학자와 행동경제학자 등이 초대되었다.

3

욕망의 지도는 시대가 바뀔 때마다 다시 그려졌다. 제사장, 교회, 과학자들이 그렸던 낡은 욕망의 지도는 20세기 자본가들에겐 구미가 당기지 않았다. 그들에겐 새로운 지도가 필요했다. 자본가와 거대 브랜드 오너들은 전략가들에게 새로운 지도를 주문했다. 소비재 마케팅 전략가들은 인간 욕망의 지도를 시대에 맞게 다시 고쳐 썼다. 전략가들이 생계를 유지 방법은 정확한 지도를 그려 자본가들에게 파는 일이었다.

전략가들이 그린 대부분의 지도는 20세기를 대표하는 심리학자인 아브라함 매슬로우의 욕구단계이론을 뼈대로 하고 있다. 니즈 상하관계도 또는 욕망 위계론이라고도 한다. 그 외에 다른 이름도 많다. 예를 들어 베인 앤 컴퍼니 (Bain and Company) 같은 대형 컨설팅 그룹은 이 지도를 가치 피라미드라고 부른다 (The Value Pyramid). 런던 비즈니스 스쿨의 린다 그래튼 학장은 2014년 글로벌 리더십 서미트에서 이렇게 말했다. "수 년이 지났지만 매슬로우의 피라미드는 바뀌지 않았다. 사람들은 여전히 자기실현이 필요하다. 다만 이를 달성할 수 있는 더 많은 방법이 있을 뿐이다."

1943년에 발표한 매슬로우의 논문 〈A Theory of Human Motivation〉을 요약해서 설명하자면 이렇다.

인간의 욕구는 중요도에 따라 일련의 단계를 형성한다. 하나의 욕구가 충족되면 위계상 더 높은 단계의 욕구를 갈망한다. 가장 먼저 요구되는 욕구는 다음 단계에서 달성하려는 욕구보다 강하고, 그 욕구가 만족되었을 때에만 다음 단계의 욕구로 전이된다.

이 이론에 따르면 가장 기초적인 인간의 욕구는 신체적 욕구이다 (생리적 욕구, Physiological Needs). 물과 음식, 공기처럼 생존에 필요한 조건들 뿐 아니라 수면욕이나 성욕처럼 가장 본능적인 욕구들이 여기에 해당한다.

이러한 신체적 욕구가 채워지면 인간은 위험, 위협, 박탈로부터 자신을 보호하고 불안을 회피하려는 욕구를 추구하게 된다.

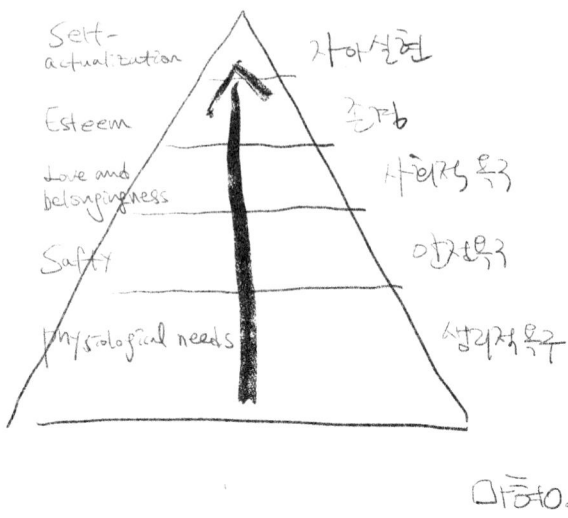

안전욕구이다(Safety Needs). 여기까지는 인간만의 고유한 욕
구라고 말하기 어렵다. 생리적 욕구는 파충류에게도 나타나고,
안전욕구는 포유류에게도 발견된다.

생존에 필요한 기능적인 욕구가 채워지고 나면 인간은 무엇
을 원하게 될까. 배부르고 등 따습다면 그때부터는 누군가와 정
을 나누고 싶어지는 게 인간사다. 매슬로우는 이를 애정과 소속
에 대한 욕구라고 정의했다. 가족, 친구 또는 이성과 교류하면서
감정적인 소속감을 찾는 욕구이다 (Belongingness And Love

Needs). 여기서부터는 기능적인 욕구에서 감정적인 욕구로 변화가 시작된다. 하지만 이런 사랑, 소속 욕구를 인간만이 가졌다고 말할 수 없다. 영장류인 챔팬지나 고릴라 역시 사회를 이루고 살며 그 안에서 감정적인 욕구를 채운다.

다음 단계부터는 인류의 형이상학적인 통찰력이 적용된다. 존경욕구이다 (Esteem Needs, 또는 사회적 욕구 Social Needs). 여기서 존경은 안팎으로 두 가지 방향성이 있다. 하나는 자존감이다. 내가 스스로 존엄성을 지키고자 하는 욕구이다. 또 다른 방향은 남이 나를 존중하는 명성, 지위 그리고 명예에 대한 욕구이다. 이는 무리 생활을 하는 동물 집단에서도 찾을 수 있는 대자연의 순리다.

지금까지 살펴본 비교적 낮은 단계의 욕구는 인간이 동물은 물론 때론 파충류와도 공유하고 있는 광범위하고 일반적인 형태라고 말할 수 있다.

이제부터가 재밌다.

지금부터는 오직 인간에게서만 발견되는 욕구이다. 존경에 대한 욕구가 채워지면 다음 단계인 자아실현 욕구가 우리를 움직인다 (Self-actualization Needs). 자기를 계속 성장시키려는 욕구이다. 발견되지 않은 잠재력을 최대한 끄집어내려는 욕구이다. 욕구가 충족될수록 더욱 증대되는 경향을 보여 '성장 욕구'라고 하기도한다. 지식과 진리에 대한 인지 욕구나 아름다움에 대한 심미 욕구 등이 여기에 포함된다.

우리가 알고 있는 어느 생명체도 더 나은 내가 되기 위해 안전을 버리고 모험을 하지 않는다. "더 나은 나"에서 만족하지 않고, "될 수 있는 최고의 나"로 사투를 벌이는 생명체는 인간이 유일하다.

나는 어떤 기질을 갖고 태어났는가. 나는 누구인가. 다른 사람이 아닌 나만의 고유한 길은 무엇인가.

이런 질문은 위대한 철학자의 기록에서 자주 발견되었다. 내가 누구인지에 대한 목마름이 있다는 것은, 조금 유머러스하게 표현하자면 그가 파충류와 포유류 그리고 영장류보다 나은 존재임을 나타내는 상징적인 지표라고 해도 과언이 아니다.

욕망의 집과 다락방

1

지금부터는 욕망의 집에 대해 이야기해볼까 한다. 이 집을 이해하는 것은 굉장히 중요하다. 우리의 방황이 시작된 곳이기 때문이다.

3층짜리 이 집은 멀리서 보면 돌과 나무와 풀이 얽혀 만들어 낸 커다란 바위산처럼 보인다. 신식 아파트가 아니라서 깨끗하지는 않다. 4만 년이라는 시간을 감안하자.

1층

나무 뿌리가 드러난 대지 위로 마당이 연결되어 있다. 곧 1층이

나타난다. 1층은 인간으로 태어난다면 누구나 입장할 수 있는 곳이다. 팻말을 붙인다면 "기능의 방" 정도가 좋겠다.

이곳에 들어오면 여러 가지 욕망을 채울 수 있다. 정도는 다르겠지만 인간이면 누구나 원하는 것들이 여기저기 펼쳐져 있다. 메슬로우의 개념으로 설명하자면 생명을 유지하기 위한 욕구 ("생리적 욕구"), 불안을 회피하려는 욕구가 ("안전욕구") 여기에 해당한다. 이게 다가 아니다.

이를테면 돈을 벌고 싶다는 욕망이나, 위험부담을 줄이고 안전한 선택을 하고 싶은 욕망 그리고 성적인 것을 포함한 감각적인 자극을 느끼고 싶은 욕망 그리고 복잡한 길을 피해 나만의 지름길을 발견하고 싶은 욕망 등이다. 이 기초적인 욕망의 특징을 꼽으라면 그 해결책이 반드시 인간일 필요는 없다는 것이다. 사물이나 도구 혹은 인공지능을 통해서도 이러한 욕구는 얼마든지 충족될 수 있다. 스마트폰 앱이나 온라인 상점이 그 예시이다.

운동에 특화된 스마트워치 핏비트는 지금은 한물 갔지만 사람들에게 자신의 운동량을 수치화해서 보여주는 비서 기능을 했다. 이런 도구들은 사람이 일일이 기록할 필요 없기 때문에 비용과 노력을 줄일 수 있다. 은행의 스마트폰 앱 덕에 우리는 직접 은행에 방문해서 긴 줄을 서지 않아도 된다. 1층의 욕망은 가짓수는 많지만 심오하지는 않다. 1층을 지배하는 것은 생리적, 안전적 욕구에

목적과 의미

목표와 자기실현

인간 그리고 감정

육체와 기능

마흔0.

가성비가 결합된 기능성 욕구다.

1층의 기능적 욕망들이 채워지고 나면 어떻게 되나. 매슬로우가 말한 것처럼 사람들은 다음 욕망에 눈 뜨기 시작한다. 풍족한 환경에서 태어난 현대인들은 1층의 기능적 욕망을 쉽게 충족시킬 수 있었다. 1층을 한 바퀴 휘이 둘러보고는 곧 싫증을 내기 시작한 것이다. 신기한 기술과 혁신적인 문명은 가끔씩 갖고 놀기 좋은 새로운 장난감을 던져주었다. 그러나 그것도 오래 가지는 못했다. 사람들은 곧 1층 끄트머리 기둥 뒤에서 2층으로 올라가는 문을 곧 발견했다.

2층

기둥 뒤에 숨겨진 사다리를 통해 2층으로 올라가면 감정의 방이 나타난다. 1층에서 뭔가에 목 말라 있던 사람들은 2층에 와서야 생명이 주는 포근함을 느낀다. 이른 바 인간적인 곳이다. 기능 좋은 기계만으로는 결코 채울 수 없는 것들이 널려 있다.

걱정을 줄이고 싶다. 즐겁고 싶다. 치유받고 싶다. 사람들과 잘 어울리고 싶다. 인정받고 보상받고 싶다. 남과는 다른 특별한 지위를 갖고 싶다.

사람마다 다르지만, 1층에서 찾지 못한 것을 대부분의 사람들은

2층에서 찾게 된다. 드디어 뭔가 숨을 쉬는 것 같은 느낌을 받을 것이다.

온라인 쇼핑과 전자책이 아무리 인기라도, 사람들은 여전히 동네 수퍼마켓을 찾고 종이책을 사 읽는다. 왜냐? 단순히 기계적 기능만으로 채울 수 없는, 만지고 대화하고 느끼려는 욕망들 때문이다.

어떤 사람이 1층과 2층에서 만족스럽게 살아간다면 그의 욕망 체계는 '그렇게 생겼다'고 말할 수 있을 것이다.

그렇다면 여러분은 왜 여기서 만족하지 못하는가. 서문에 언급한 것을 떠올려보자. 거룩하고 고차원적인 욕망을 가졌기 때문이다. 그것은 1층이나 2층에서 찾을 수 없다. 이 책을 읽는 여러분은 이미 3층으로 올라가는 비밀 통로를 발견한 셈이다. 그렇게 된 이상...

방황하는 사람들은 특별한 종족이다. 역사적으로 그러했다. 여러분의 욕망은 1층이나 2층에서 만족하지 않을 것이며, 어쩌면 3층에도 여러분은 그 답을 발견하지 못할지도 모른다.

이 시대를 밝힌 수 많은 위인들은 방황하는 사람들이었다. 그들과 같은 욕망을 가졌다는 것은 기뻐할 일이다.

3층

　3층으로 올라가는 통로는 1층으로 내려가는 통로의 정 반대쪽
에 있었다. 1층과 2층의 욕망에 빠진 사람들은 평생 발견하지 못
할 수도 있다. 사람들은 정말이지 1층과 2층을 구석구석 돌아보
고 만족하느라 시간이 가는 줄 모른다. 이렇게 써버린 시간이 짧
게는 수 년에서 길면 수십 년에 이른다. 그러나 지각이 있는 사람
이라면 알게 된다. 혹은 "운이 좋게 '불행'을 겪은 방랑자들"은
깨닫게 된다. 1층과 2층에서는 그들이 원하는 대로 살 수 없다는
것을 말이다.

　이들은 겉으로 보기엔 감기처럼 별 것 아닌 증상을 겪기 시작
한다. 삶의 무의미함이다. 처음에는 긴가민가 하다가, 나중에는
부정하다가, 끝내는 이것이 혹시 죽음에 이르는 병은 아닌가 모
든 것을 의심하기도 할 것이다. 이 기간이 길어지면 1층이나 2층
에서 내가 사랑했던 것들에 대한 권태가 찾아오겠지만, 아마 그
러는 사이 자기도 모르게 3층에 올라 올 확률이 크다. 그리고 자
신이 찾던 것들을 발견하는 기쁨을 누리게 될 것이다.

　그 누구도 자신의 과거를 부정하지 않고 3층으로 올라오지 못
하리라.

　3층은 "성숙의 방"이라고 부르겠다. 이 방에 있는 것들은 희

망, 가문의 유산, 연대감, 자아실현 같은 것들이다.

그나 저나 희망 따위가 왜 필요한가. 1층과 2층의 장난감 같은 것들은 영원하지 않다는 것을 깨달은 자가 있다면, 절망 속에서 그가 다시 살아야 하는 이유가 희망이다. 희망은 우리를 구원한다.

가문의 유산이 왜 필요한가. 사람들은 조상과 선조를 통해 자신을 바라보는 사회적 동물이기 때문이다. 선조에서 이루지 못한 꿈을 이루려는 욕망은 조선의 역사뿐 아니라 인류의 역사를 움직일 만큼 막강했다.

연대감. 사람은 나를 이해해주고, 내가 기댈 수 있는 "내 사람"들이 필요하다. 이것은 기능적 안락함으로 해결되지 않는다. '재밌고, 매력적이며, 남들에게 인정받는다'해도 해결되지 않는다. 1층이나 2층에서 구할 수 있는 것들로는 채워지지 않는다. 나를 이해해주고 내가 동질감을 느끼는 사람들과 함께 공동체를 형성하는 것은 인류의 오래되고 성숙한 욕망 중 하나이다.

자아실현.

왜 우리는 내가 뭔가가 되어야 한다고 욕망하는 것일까. 그건 나도 모르겠다. 누군가는 신의 섭리라고 말할 것이다. 누군가는 무의식이라고 말할 것이다. 하지만 지금 우리에게 분명한 것이 있다. 우리가 그것을 원한다는 것이다.

자아실현은 무엇인가. 나를 내가 꿈꿔왔던 사람으로 만드는 것이다.

매슬로우에 따르면 자아실현자는 (Self-actualizing People) 몇 가지 특징이 있다. 자신의 인생에 대한 사명감을 갖는다. 내 범위를 벗어나는 일에 많은 에너지를 쏟는다. 자아실현자는 열심히 일하면서 절정의 순간을 경험한다. 자아실현자는 자신이 하는 일이나 방향이 성장가치에 집중되어 있다. 자기 분야에 대한 창의성과 독창성을 갖고 있다.

매슬로우가 말하는 자아실현자를 들으면 마치 세상에 존재하지 않는 완벽한 사람을 묘사한 것처럼 보인다. 그렇다. 매슬로우는 대부분 죽은 자들로부터 자아실현이라는 공통 분모를 끄집어내는 바람에 자아실현을 이론적이고 지나치게 모범적인 이상형으로 만들어버렸다.

자아실현은 어쩌면 죽을 때까지 완성되지 못하고 욕망의 상태로만 존재하는 것일지도 모른다. 그 판단은 매우 주관적이기 때문이다.

같은 이유로 자아실현은 소비자들을 꼬득이기에 아주 좋은 소재다. 사람들은 마치 영원히 그럴 것처럼 자아실현을 꿈꾸고 욕망하기 때문이다.

라이카 Leica 를 가지고 있는 사람에게 그것이 무엇이오라고 물어보자. 그는 자신의 꿈에 대해서 이야기하기 시작할 것이다. 자신이 얼마나 예술을 사랑했는지에 대해 말할 것이다. 어쩌면 가난했던 시절, 라이카를 갖게 되는 것이 꿈이었다고 고백할지도 모른다. 그는 흥분할 것이다. 역사적인 예술의 거장과 사진작가들이 사용했던 그 카메라를 소유했다는 것에 대해서 신이 나서 말할 것이다. 라이카는 그에게 자아실현이라는 욕망을 현실로 소유하게 만들어 준 브랜드인 것이다. 마치 라이카가 카메라라는 사실은 잊어버린 채. 그러므로 약삭 빠른 마케터라면 라이카가 갖고 있는 카메라 기능이 얼마나 훌륭한지에 대해 말하는 대신, 진짜 그 가치를 아는 사람들에게 '예술의 거장과 라이카의 순간'에 대해 스토리텔링을 시작할 것이다.

많은 사람들이 3층까지 올라오는 행운과 기쁨을 맛본다.

문제는 여기서부터이다. 3층쯤 올라오면 삶을 다 안 것 같은데, 아니 그래야만 하는데... 내가 남의 옷을 입고 여기저기 기웃거리고 있는 것 같은 묘한 기시감을 겪기 시작한다. 그리고 기시감은 곧 현실이 된다. 인생의 무의미함은 3층에서 오히려 더 깊어진 것만 같고, 그것은 방황으로 이어진다. 혹시 뭐가 더 있나 벽을 뒤져보고 구석의 먼지까지 털어보지만, 이 집은 분명 3층까지밖에 없는 것 같다.

매슬로우도 자신의 모델에서 허점을 찾았는지, 논문이 발표된지 한참 후에야 자아실현의 단계를 넘어선 자기초월의 욕구를 주장했다.

자기초월의 욕구란 자기 자신의 완성을 넘어서려는 욕구이다.

자아실현이 끝이 아니라, 이번엔 초월하려는 욕구가 있다?

그렇다. 나는 이 특별한 욕구를 가진 사람들이 자신을 '방황한다'는 현실 언어로 뭉뚱그려 표현하고 있다는 것을 알게 되었다.

이 책은 방황하는 사람들을 위한 책이다. 이 집에 다락방이 숨겨져 있다는 사실을 알려주고, 그 방황이 사실은 특별한 사명감으로 탈바꿈할 수 있다는 것을 보여주고 싶다.

자기초월이라는 말을 나는 일상 언어로 바꾸려고 오랜 기간 동안 여러 차례 시도해봤다. 그 결과 내 번역은 이렇다.

자기초월이란 삶의 의미와 목적이라고 바꿔 말할 수 있다. 자아실현은 자기 중심적이다. 그러나 삶의 의미와 삶의 목적은 나 자신의 문제라기보다는 조금 더 '나와 세상'의 문제에 가깝다. 그리고 3층에서 찾지 못했던 이 삶의 의미와 목적은 다락방에 숨겨져 있다.

2

나는 유튜브를 한다. 퇴고할 때를 기준으로 하면 구독자가 약

4천 2백 명이다.

나는 왜 유튜브를 하는 것일까? 베인앤컴퍼니 (Bain and Company) 판 욕망의 지도를 따라가면서 내 욕망을 분석해 보았다. 욕망의 지도라고 부른 "30가지 소비자 가치"는 인터넷 검색이나 내 블로그에서 확인할 수 있다.

앞서 이야기한 것처럼 1층의 기능적인 가치는 비교적 기계처럼 작동한다. 내가 유튜브 채널을 운영하는 기능적인 욕망은 사람들과 연결되기 위해서이면서 ("Connects"), 먼 미래에 어쩌면 내게 수익을 가져다 줄 수 있기 때문이다 ("Makes money").

2층은 감정적인 가치이다. 내 이야기에 대해 깊은 공감을 받았다고 말하는 구독자들이 종종 있다. 다른 곳에서 느낄 수 없는 위로를 받았다는 반응도 있다. 이런 표현들은 보상받고 싶은 내 욕망을 ("Rewards me") 흠뻑 채워준다. 유튜브를 찍고 사람들과 소통하는 과정에서 재미도 있다 ("Fun/entertainment"). 내가 "유튜버"라는 하나의 간판효과도 무시할 수는 없다 ("Badge value").

의외의 욕망도 채워준다. 내 이야기에 공감하는 분들과 소통하면서 느끼는 치유의 힘이다 ("Therapeutic value").

3층부터는 단순한 기능적, 감정적 욕망을 넘어선다. 복합적이다. 삶에 대한 욕망이다.

내가 유튜브를 시작한 배경은 작가라는 내 자아를 실현하려는 내 욕구에서 비롯되었다 ("Self-actualization"). 작가의 본질은 글을 쓰는 것이다. 유튜브는 글이 아니다. 하지만 내 생각을 다양한 방면으로 전달할 수 있기 때문에 작가의 본질에 닿아있다고 생각했다. 정확히 말하면 나는 뚜렷한 생각이 없었다. 막연하게 그럴 거라고 생각했다.

지금 되돌아 보니 조금 더 명확해진다. 나는 독자들과 인생의 많은 부분을 공감하는 그런 작가가 되고 싶었다.

유튜브 크리에이터라면 내가 말한 욕망의 조합에서 크게 벗어나지는 않을 것 같다. 물론 내가 언급한 요소 중 어떤 사람은 재미를 더 중요하게 생각할 것이고, 어떤 사람은 수익을 가장 우선시할 것이다. 3층까지는 그렇다.

내가 말하고 싶은 것은 그 다음이다. 다락방이다. 3층 건물 위에 몰래 만들어놓고 비밀스런 물건을 간직하는 다락방 말이다. 내가 유튜브를 하는 가장 큰 이유는 이 다락방의 일기장에 쓰여 있다.

나는 내가 가진 것 이상이고 싶다. 나는 내가 해온 것 이상이고 싶다. 나는 사람들이 내게 기대하는 세속적인 것 그 이상의 존재가 되고 싶다.

나는 유튜브가 이런 내 바램을 담아주는 확성기라고 생각한다.

3

자기초월은 쉽게 이야기하면 이렇다.

농촌에 살던 평범한 17세 소녀가 어느날 신의 음성을 듣는다.
"프랑스를 구하라."

보통 사람이라면 "이상한 꿈을 꾸었네"라거나, "자꾸 헛것이
보이니 정신과 상담을 좀 받아야겠어."라고 말한다. 하지만 600
년 전 프랑스 시골마을에 살던 잔 다르크는 달랐다. 잔 다르크는
그 꿈이 계시라고 믿었다. 그 여자 아이는 결국 국왕 샤를 7세를
만나러 가고 마침내 그를 설득한다.

심지어 샤를 7세는 잔 자르크에게 군대를 내어준다. 잔 다르
크는 군대를 이끌고 전쟁에 나가 영국군에게 점령당한 오를레앙
지역을 해방시킨다. 그리고 프랑스 국민들에게 나라를 구한 영웅
이 된다. 영국군은 멀리서 군대를 지휘하며 달려오는 잔 다르크
의 모습만 봐도 혼비백산하여 달아났다고 한다.

어떻게 그럴 수 있을까.

잔 다르크는 농촌에 사는 어린 여자애다, 그것도 17세. 군사교
육은 물론 남을 이끌어 본 적도 없다.

"살짝 이상한 애 아니야? "

이건 우리같은 평범한 사람 생각이다. 잔 다르크는 자신이 17

세 농촌 소녀 그 이상이라고 생각했다. "그 이상이 되고 싶다는 욕망"은 잔 다르크에게 계시의 형태로 나타났다.

이것이 자기초월의 다소 드라마틱한 예이다.

자기초월은 자신의 삶에 특별한 목적이 있다고 생각할 때에 가능하다. 자기초월은 지금 내가 갖고 있는 것들의 합에 만족하지 않을 때에 가능하다.

내 삶은 먹고 사는 것 그 이상의 의미가 있어.

어떻게 보면 이 자기초월이라는 욕구는 영성적으로 자기를 인지할 줄 아는 예민한 이들에게만 찾아가는 것일지도 모른다.

4

"나의 주장은 매슬로우의 시각과 정확하게 일치한다. 자아실현이라는 과업은 '중요한 일에 헌신함으로써' 가장 잘 실행된다."

– 빅터 프랭클[1]

중요한 일에 헌신한다는 것은 무엇인가. 중요한 일이란 내가 살아야 하는 이유를 뜻한다. 내가 살아야 하는 목적을 뜻한다. 내가 살아야 하는 의미를 뜻한다. 그런 일을 찾고 그 일에 헌신할 때에 비로서 채워지는 것이 이 자기초월 욕망이다.

여러분이 살아가야 할 이유는 무엇인가. 헌신해야 할 그 일이 있는가.

1) 빅터 프랭클. (2014). 빅터 프랭클의 삶의 의미를 찾아서 (pp. 65). 서울: 청아출판사(이시형 옮김).

5

이 시대의 등불은 한 방향을 가리키고 있다. 철학자들 사상가들 그리고 사회과학자들이 입을 모아 이야기해왔다.

행동경제학자들은 인간이 얼마나 비이성적인 존재인지 밝혀내기 시작했다. 연구결과는 이렇게 말하고 있다.

인간은 스스로 똑똑한 척하지만 우리가 인지하는 방식은 사실 오류 투성이이며, 우리의 결정은 충동적이고, 행동하는 방식은 합리적이기보다는 감정적이고 무의식적이다.

이성과 논리가 아니다. 우리를 움직이는 것은 욕구이다.

행복에 대한 연구결과는 사람들이 전통적으로 추구해온 가치를 흔들었다. 여기서 말하는 전통적인 가치란 부와 권력이다. 사람들은 돈을 더 많이 갖게 되면 행복할 거라고 생각했다. 더 좋은 직함을 갖기 위해 남과 싸우고 가족을 보살피지 않았다.

그런 사람들은 결국 죽음 앞에서 막심한 후회를 했다. 문제는 죽음에 이르지 않은 사람들이 선배들의 교훈에 귀 기울이지 않는다는 것이다. 불행하게도 이런 패턴은 문명 이래 수 천 년 이상 이어져왔다. 우리 중 대부분은 어리석은 인간의 습성을 그대로 물려받았다.

하버드대학교에서 1930년부터 72년간 814명의 삶을 분석한 책 〈행복의 조건〉은 인간이 행복해지는 조건에서 돈과 권력을 말하지 않았다. 삶에 대한 긍정적인 태도나 인간관계, 그리고 건강 같은 요소를 꼽았을 뿐이다.

삶에 대한 긍정적인 태도는 어디서 오는가. 삶에 대한 해석에서 나온다.

하찮은 것도 누군가에겐 보물이 된다. 반대로 아무리 값진 보물도 누군가에겐 하찮은 것이 된다. 우리는 단순한 사실들의 집합이 아니다. 우리는 해석이 필요한 존재이다. 잔 다르크를 "조현병 환자"로 볼지 자신을 초월한 존재로 볼지는 우리의 해석과 판단에 따라 달렸다. 그 질문은 한 바퀴를 돌아와 우리의 뒷통수를 겨눈다.

우리 자신은 생존과 자손번식이 목적인 단백질로 이루어진 생명체인가, 아니면 그 이상의 의미를 가진 존재인가.

자기초월이라는 거룩한 욕구가 지도 위에 모습을 드러냈지만 그것을 누구나 믿는 것은 아니다. 여전히 많은 이들에게는 희미하다. 그런 의미에서 자기초월은 영성적이다. 믿음에 기초하기 때문이다.

이 시대의 등불은 한 방향을 가리키고 있다. 인간은 여전히 논리가 아닌 욕구에 따라 움직인다. 그리고 숨겨져 있던 욕망의 신대륙이 발견되었다.

자기초월이다.

인간은 떳떳하지 못한 욕망이 뒤섞인 단백질 생명체이지만 그러한 자기를 초월하는 순간 전혀 다른 존재가 된다. 이 시대를 앞서간 인류의 스승과 멘토들은 우리에게 그런 존재가 되어야 한다고 계속해서 등불을 밝히고 서 있었던 것이다.

마혀o.

돈으로 허기진 영혼을 달랠 수 없다

돈으로는 영혼의 허기를 채울 수 없다. 그 이유는 이렇다.

첫째, 누구나 돈과 명예를 원하는 것은 아니다.

돈과 명예, 즉 부와 권력은 사회적으로 학습된 가치이다. 우리는 내가 진짜 원하는 것을 발견하기 전에 사회로부터 정답을 제시받는다. 그리고 그것을 진짜 좋아하기라도 하는 것처럼 착각하며 산다.

돈이 있으면 얼마나 좋은지 어린 아이도 설명할 수 있다. 아이폰의 Siri나 구글 AI도 돈의 실효성에 대해 설명할 수 있다. 돈의 효용을 설명할 때에는 "내"가 필요없다. 우리는 그저 돈은 좋다는 자본주의적 정언 명령에 무비판적으로 학습되었다 해도 과언이 아니다.

그것이 문제다. 돈의 효용이 내 욕망의 가치체계에 정말 중요한지 우리는 제대로 검토해본 적이 없다.

돈은 필요하다. 없으면 안 된다. 나는 돈을 버리라고 말하는 게 아니다.

"나"라는 사람의 고유한 삶에 있어서 돈이 어떤 의미를 갖는지 물어보는 것이다.

지금부터는 어떤 부자의 목마름에 대한 이야기다.

돈이라는 욕망의 버튼이 헐겁게 태어난 사람이 살았다.

어떻게 태어났던 간에 그는 평생 돈을 버는 데에 혈안이 되어 살았다. 눌러도 별 반응이 없는 버튼을 누르느라 평생 시간과 에너지를 바쳤지만, 이 사람의 영혼은 모래사막을 떠도는 물고기처럼 갈증과 빈혈에 시달렸다.

"뜨겁고 건조한 사막은 진정 최고의 환경이다!"

선조들이 이렇게 가르쳤고 동료들도 그렇게 생각했기 때문이다. 물고기는 이 모래사막에서 살아남는 것이야말로 누구나 인정하는 성공의 모습이라고 생각한다. 물론 밤마다 계곡 물의 바위 틈이나 수초를 헤집고 다니는 꿈을 꾼다는 것은 누구에게도 말할 수 없는 비밀일 것이다.

우리 사회에도 이런 사람이 많다.

그는 고급 승용차를 타고, 지분이 있는 콘도로 골프를 치러 다닌다. 그러나 밤마다 악몽을 꾼다. 새로 산 보트를 띄워 바다 한가운데에 나가보지만 그의 영혼은 망망대해보다 더 외로웠다. 그가 가진 욕망의 지도에는 애초에 이런 것들이 아주 작게 설계되어 있었기 때문에, 더 큰 물질적 성취를 이룰수록 그의 허탈감은 더 깊어져만 갔다.

우리는 뉴스에서 이런 사람들의 이야기를 수도 없이 읽어 왔다.

욕망 지도에 돈과 명예가 아주 민감하게 설계된 사람도 있을 것이다. 돈이 들어오는 소리에 오르가즘과 같은 희열과 쾌감을 맛보도록 설계된 사람이 왜 없을까. 하지만 우리가 그런 사람인가? 무슨 증거로 그렇게 말할 수 있다는 말인가.

인생의 가장 아름다운 순간이 돈 때문인 사람이 몇이나 될까.

누구나 돈과 명예를 원하는 것은 아니다. 그러므로 돈과 명예로는 허기진 영혼을 달랠 수 없다. 영혼이 갈망하는 것은 무엇인가? 그것은 1층에 있는 돈인가, 2층에 있는 보상심리인가, 3층에 있는 사람들과의 소속감인가. 그것을 다 채우면 당신의 영혼은 만족스럽게 낮잠에 빠져들 수 있을까?

아니다. 다락방에 올라가지 않는 한 이 특별하고 거룩한 욕망은 채워지지 않을 것이고 사람들은 왜 당신이 방황한다고 말하는지 이해하지 못할 것이다.

다락방으로 들어가기 위해서는 스피키지바[1]처럼 (Speakeasy

Bar) 숨겨진 입구를 찾아야 하는데, 운이 좋게 찾았다고 해도 입장 자격 심사를 통과해야 한다. 심사는 꽤 까다롭다.

원칙1

1층, 2층, 3층에서 얻은 것을 다 갖고 올 수는 없다. 상당히 많은 부분을 버려야 할 것이다.

원칙2

인터뷰를 통과해야 한다. 면접에서는 단 한가지의 주제에 대해 검증한다. "네 삶의 목적은 무엇인가."

원칙3

합격 여부는 공개하지 않는다. 원칙 1과 2를 잘 지킨 후 자신이 다락방에 올라온 것인지 아닌지는 결국 자신이 판단해야 한다.

다락방의 입성 여부를 판단하는 좋은 방법이 있다고 전해진다. 생을 마감한 후에야 세상을 뒤흔들었던, 위대한 역사의 멘토들이 귀뜸하는 내용이다.

다락방에 들어왔다면 방황하던 자기 인생을 마치 책이나 영화를 보는 것처럼 멀찌 감치서 볼 수 있게 된다. 그리고 그것이 어떤 의미가 있었음을 발견하게 된다. 어느날 불현듯 자신이 평생 투신해야 할 일을 명확하게 인지하게 된다. 충만한 영혼이지만 차분하고 고요한 이 느낌은 쉬이 고갈되지 않는다고 전해진다.

---

1) 스피키지바는 1920~1930년대 대공황 여파로 미국 정부가 금주령을 내렸을 때 몰래 술을 팔던 밀매점에서 유래한 말이다. '스피키지'란 이름도 손님들이 작은 목소리로 속삭이듯 이야기한다는 의미로, 불특정 다수에게 공개되지 않고 아는 사람만 찾아갈 수 있는 은밀한 가게를 통칭하는 말이다. 꽃집 등으로 위장하거나 간판이 없고 출입구가 숨겨져 있는 것이 특징이다. (중앙일보 2017년 12월 24일 기사 "작은 위로, 스피키지바")

여기저기 방황하고 기웃거리는 분들께

1

<여기저기 방황하고 기웃거리는 분들께>. 내가 올렸던 유튜브 영상 제목이다.

나는 2020년 1월에 독립을 선포했다. 남들이 부러워하던 글로벌 회사의 뭔 팀장 직급과 작별했다.

나는 마작가가 되기로 했다.

유튜브를 시작할 때에 내 각오는 지금과 조금 달랐다. 전략이라는 내 전공을 풀어보는 것이었다. 내 유튜브에는 '일상에서의 전략 이야기'라는 태그라인이 붙었다. 사람들의 반응은 시큰둥했다. 나는 누구에게 말하는지도 모르고 무작정 떠들기 시작했다.

그러다가 하버드 비즈니스 리뷰에서 재밌는 글을 읽게 되었다. 제목은 〈쉽게 질리는 사람들을 위한 4가지 직업〉이다. 도통 진득하게 일하지 못하고 자꾸 직장을 전전하는 사람들에 대한 직업적 조언이었다. 꽤 실무적인 글이었다. 하지만 내게는 다르게 들렸다. 내 이야기를 하고 있는 것 같은 느낌을 받았다.

나는 직업에 쉽게 만족하지 못하고 늘 방황했다. 어딘가에 나한테 딱 맞는 직장이 있을 것만 같았다. 물론 그런 직장은 존재하지 않았다. 생각의 틀을 바꿔야 했다. 직장인인 이상 나는 어디에서도 만족하지 못할 것이었다.

긴 방황의 결론은 독립이었다.

나는 그 기사를 바탕으로 영상을 만들기로 했다. 커리어에 관심있는 사람들이 궁금해할 만한 주제였다. 동시에 내가 진짜 하고 싶은 주제에 대해 이야기할 수 있는 기회였다. 그 주제는 인생을 어떻게 살아야하는가였다.

영상은 큰 반응을 얻었다. 처음이었다.

재미있는 것은 사람들이 반응한 대목이다. 내 메시지를 커리어에 대한 실무적인 조언으로 받아들인 사람은 거의 없었다. 공감한다고 댓글을 남긴 사람들 대부분은 "내 얘기다"라는 반응을 보였다. 자신이 계속 방황한 이유를 알 것 같다는 이야기였다.

사람들이 방황하는 이유는 내가 방황했던 이유와 같았다.

우리는 뭘해도 만족하지 못했다. 인생이 무의미하게 느껴졌다. 직장을 전전하면서 다른 곳을 기웃거렸고, 그런 가운데에서 뭔가가 만족되지 않아 계속 스트레스를 받고 있었다. 회사와 거기서 시키는 일은 남의 옷을 입은 것처럼 부자연스럽게만 느껴졌다.

그것은 우리의 천성을 제대로 이해하지 못해서였다.

탁월해지는 방법은 열심히 하는 게 아니다. 진짜 탁월해지는 방법은 내 천재성이 발휘될 수 있는 곳을 찾아 나를 거기에 놓는 것이다.

영상에서 나는 그것을 기질과 천성이라고 표현했다. 내 기질과 천성에 맞지 않는 분야에서는 열심히 해도 큰 소득이 없다. 탁월해질 수 없다. 지속적으로 노력하려면 흥미가 있어야 하고 단순히 시간을 쏟는 것 이상의 헌신이 필요하다. 그런 헌신은 기질과 천성이 맞지 않으면 나올 수 없다.

그 후로 나는 이러한 이야기를 하는 것에 대해 자격증이라도 부여받은 것처럼 마음이 편안해졌다. 내가 기질과 천성에 대해 이야기하자 구독자들도 반겼다. 구독자와의 공감과 교류가 시작되었고, 그 흐름은 이 책까지 이어지고 있다.

2

여기저기 기웃거리고 방황하는 이유는 자신이 있어야 할 자리를 찾지 못했기 때문이다.

내가 그랬던 것처럼 여러분도 그랬으리라 생각한다.

처음엔 사람들이 좋다는 것을 다 쫓아다녔다. 좋은 직장도 쫓아다녔다. 돈도 쫓아다녔다. 명품 가방이나 해외여행이나 외제차도 좀 쫓아다녔다. 사람들 사이에서 인기도 쫓아다녔다. 다이어트와 미용도 쫓아다녔다.

하지만 시간이 지나면 그뿐이었다.

3층까지 올라와 기웃거리는 사람 – 독서모임이나 자기찾기 모임처럼 – 은 그나마 운이 좋다. 대부분 사람들은 욕망의 집 1층이나 2층에 있는 사탕이나 마시멜로우 같이 달달하고 자극적인 것들에 휘둘리기 때문이다. 이런 것들은 영혼의 허기를 채우긴커녕 자신에게 해가 될 수도 있다.

허기진 영혼은 다락방으로 올라가야만 채워진다.

그런데 계속 1층이나 2층에서 맴돌고 있다. 냉장고 문을 열어보거나 괜히 서랍장을 뒤지고, 심지어는 천장을 뜯거나 마루바닥 밑을 들춰본다. 밖에 있는 사람이 보기엔 허둥대며 잃어버린 물건을 찾는 사람처럼 보인다.

그게 바로 방황이다.

기웃거리며 찾아봐도 소용없다. 번지수를 잘못 찾아왔다.

허기진 영혼은 1층이나 2층의 그럴듯해보이는 단순한 욕망들로는 절대 채울 수 없다. 방황은 절망을 가져온다. 그 시간이 길어지면 우리의 영혼은 탈진 상태에 이른다. 운이 좋은 사람은 윗층으로 탐험을 떠나지만 누구나 그러는 것은 아니다.

방황을 끝내고 다락방으로 우리를 인도하는 좋은 질문이 있다. 아주 오래된 질문이다.

나는 누구인가.

잘하는 것은 중요하지 않다

1

나는 누구인가.

나는 이 질문을 썩 좋아하지 않는데, 호사가들이 시도 때도 없이 써먹는 단골 해법이기 때문이다. "자, 여러분. 그런 고민은 이렇게 해결하시면 됩니다. 여러분은 누구입니까. 잘 생각해보세요." 그러나 호사가들은 '어떻게'에 대해서는 입을 다문다. 왜냐면 자신이 누구인지 제대로 생각해본 적이 없기 때문이다.

나는 누구인가. 이는 인간이 스스로에게 던질 수 있는 가장 심오한 질문 중 하나일 것이다. 즉석밥처럼 뚝딱 해결될 수 있는 문제가 아니다.

나는 누구인가라는 질문을 앞서 이야기한 프레임으로 바꾸면 이렇다.

내 욕망의 지도는 어떻게 생겼는가. 내 버튼은 무엇인가.

그 중 어떤 욕망이 가장 크고 예민한가. 내 욕망의 지도는 기필코 다락방에 올라가야만 완성되도록 생겨먹었나. 그게 아니라면 욕망의 지도 중 내 영혼의 허기를 만족시켜주는 가장 결정적인 1, 2, 3층의 욕망은 무엇 무엇인가.

2

사람들이 자신을 알아가는 과정에서 헛다리를 짚는 경우가 있다. 내가 뭘 잘하는지와 내가 누구인가를 혼동하는 것이다.

내가 잘하는 것은 내가 아니다. 내 강점은 내 본질이 아니다.

강점과 기질은 다르다.

강점은 내가 잘하는 일이다. 그러나 그것이 내 기질이나 천성에 늘 들어맞지는 않는다. 심지어 충돌하는 경우도 있다. 우리가 인지하지 못하는 것일 뿐이다. 강점과 자신을 분리해서 생각하는 것이 나를 찾아가는 첫 걸음이다.

내 이야기를 해보겠다.

스타벅스 (Starbucks). 대단한 브랜드이다.

나는 스타벅스 한국 매장수가 300개가 채 안 되던 시절[1] 스타벅스 시애틀 본사와 <한국 스타벅스 브랜드의 제조 유통 및 수익 분배에 대한 로열티 모델>이라는 무시무시한 프로젝트를 진행한 적이 있다. 한 마디로 스타벅스가 한국에서 판매하는 커피와 각종 이익에 대해 얼마의 로열티를 어떤 근거로 스타벅스에 지불해야 하는지, 그리고 그 최적의 숫자는 얼마인지를 문서와 숫자로 풀어낸 보안딱지가 덕지덕지 붙은 서류 뭉치이다[2].

이 몇 년의 경험은 이후의 내 커리어에 크나큰 영향을 미쳤다. 그 이유는 이렇다.

1) 내 이력서를 화려하게 장식해주었다.

2) 비즈니스 모델의 핵심을 간파하는 능력을 배웠다.

3) 복잡하고 길고 따분한 서류를 읽으면서 숫자와 의도를 재빨리 읽어낼 수 있는 눈을 갖게 되었다.

4) 스타벅스 본사를 몇 차례나 방문했고, 본사에서 한국으로 수 차례 방문하는 과정에서 스타벅스를 설립한 거물 하워드 슐츠를 만났다.

5) 전략 컨설팅 회사들이 하는 일을 배웠고 마케팅과 제조, 영업이 "사업"이라는 이름 아래에 어떤 유기적인 관계를 갖는지 배

---

1) 2020년 상반기 기준 스타벅스의 한국 매장수는 약 1,300개이다.
2) 어찌나 반복하고 몰입했는지 지금도 그 문서를 기억을 통해 복원할 수 있을 것만 같다.

웠다.

6) 토론하고 설득하고 결정하는 생존 영어를 배웠다.

7) 이익이 부딪히는 두 집단이 어떻게 밀당을 하는지 배웠다.

8) 계약서의 기본을 배웠다.

9) 덕분에 미국 본토를 처음 가보았다.

10) 한국, 한국인에 대해 외국인의 눈에서 생각해 보는 계기가 되었다.

이 열 가지는 이후 내 직장생활의 초석이 되었으며, 내 강점의 시발점이 되었다. 글로벌 감각, 사업하는 방식, 협업하는 방식, 문서를 다루고 협상하는 방법은 이후 내 이력서에서 자주 강점으로 묘사되었다. 그리고 실제로 나는 그런 면모를 보였다고 생각한다.

그러나 이것은 내가 아니다. 스타벅스를 통해 내가 배운 10가지 강점 중에서 내 기질이나 천성 혹은 적성과 관련된 것은 하나도 없다.

언급한 강점은 대게 분석과 논리에 대한 것이지만, 나는 창의성에 더 흥미가 있을 뿐 아니라 실제로 두각을 나타내는 사람이기 때문이다. 우뇌형 강점을 보인 것처럼 보이지만 나는 좌뇌형 인간인 것이다.

그 당시 내 자신을 흐릿하게나마 좌뇌형 인간으로 인지하지 않았다면 어땠을까. 아마도 나는 인지부조화로 인한 대혼란을 겪었을 것이다.

"나는 분석에 강하다"는 잘못된 판단은 나 스스로를 분석이 중요한 프로젝트로 몰아갔을 것이다. 내 커리어는 금융 애널리스트나 법무 관련 부서로 기울었을 수도 있다. 만약 그런 일이 일어났다면, 스트레스와 허탈함 그리고 인생의 상실감을 더 깊이 맛보았을 것이다. 그나마 브랜드 마케팅이라는 창조성이 가미된 분야가 아니었다면 내 직장 생활은 더욱 단축되었을 것이다.

단지 나만의 문제도 아니다. 사람들도 이런 착각을 더 부추길 수 있다.

아니나 다를까 회사 업무를 통해 만났던 많은 사람들은 대부분 나를 논리적이고 분석적인 사람으로 기억한다. 그 사람들이 지금 내 책을 읽거나 유튜브를 본다면 어떨까. 몇몇은 마작가라는 사람이 내가 맞는지 눈을 비비고 확인할 것이다.

내 강점을 기질로 착각하면 불행이 시작될 수 있다. 강점은 참고사항이다. 나는 비즈니스 수익모델의 숫자들을 잘 읽어낸다. 강점이다. 학습된 강점이다. 그저 참고만 하면 된다.

강점은 해답을 주지 않는다. 내 분야를 찾은 후 그것을 어떻게 더 극대화시킬 것인가, 어떻게 더 나답게 만들 것인가에 있어서는 강점 분석이 유용할 수도 있다. 강점은 "어떻게" 즉 "how"에

대한 부분이다. 나는 누구인가는 "how"가 아닌 "what"의 영역이
다.

중요한 것은 "무엇"이다. "나는 누구인가"라는 질문은 "나는
무엇인가"라는 질문과 같다. 그리고 이 질문을 다시 욕망의 지도
위로 끌어오면 이런 물음이 된다.

**나는 어디에서 영혼의 자양분을 얻는가. 어떤 욕망이 내 영혼을
충전시키는가.**

예를 들어 나는 사교성이 매우 좋다. 이것은 강점이다. 그러나
나는 사람들과 어울리는 것보다 혼자 있는 것을 더욱 좋아한다.
혼자 있는 것을 좋아하고 또 그럴 때에 충만함을 얻는 내 기질과
반대인 셈이다.

사교성이 좋다는 것은 내가 누구인가에 대한 "나만의 무엇"이
없는 상태에서는 별 의미가 없다. 하나의 참고사항일 뿐이다.

내가 사교성이 좋다고 해서 방문 판매원이 되면 안 된다. 그렇
다면 밤마다 이불 속에서 눈물을 흘릴 것이다. 실제로 나는 커리
어 초기에 3년 간 대기업의 영업사원이었다. 고백컨데 나는 이러
한 이유로 많이 울었다.

다시 한번 말하지만, 강점은 나를 아는 데에 있어 오히려 방해

물이 될 수도 있다.

강점보다 더 중요한 것은 내 안의 목마름이다. 내 영혼이 느끼는 허기이다. 아니, 그 허기를 채우는 그것이다. 그것이 기질이다.

강점을 찾은 후에도 갈증은 해결되지 않는다. 강점은 나만의 분야를 (Niche) 찾은 후에, 그것을 자기만의 방식으로 풀어낼 때에야 비로소 제 값을 하는 부차적인 가치이다.

나는 어떤 버튼을 눌러야 반응하는 사람인가.

그것이 기질이다.

우리가 방황한 이유는 그것을 모른 척 했기 때문이다. 허기를 달래주지 않았기 때문이다.

50대가 삶의 의미를 좌우한다

1

사람은 저마다 생김새가 다르다. 인간은 단 23쌍의 염색체를 가졌을 뿐인데 이 세상 사람들 중에서 똑같이 생긴 사람은 한 명도 없다. 이것이 어떻게 배열되고 조합하느냐에 따라 무한대에 가까운 경우의 수가 나온다.

인간의 욕망도 종류가 많다. 전략 컨설팅 회사에서 이름을 붙인 것만 해도 서른 가지가 넘는다. 우리가 인지하고 있는 하나의 욕망 안에는 여러 종류의 무의식이나 욕구가 존재할 것이다. 인간의 내면은 염색체보다 훨씬 더 다양하다. 다른 말로 하자면, 우리 개개인은 생김새보다 내면이 더 다양하다. 우리 각자가 저마다 고유하다.

유발 하라리의 책 〈사피엔스〉에 따르면 지금까지 지구에 태어난 사람들의 숫자보다 앞으로 더 다양한 사람들이 태어날 수 있다. 지금까지 나와 똑같은 사람은 한 명도 없었다. 그리고 앞으로도 없을 것이다.

2

사람은 저마다 다르고 고유하므로, 한 사람을 알아가는 것은 쉬운 일이 아니다. 여기엔 나 자신도 포함한다.

그런데 우리의 욕망을 들여다 보기 시작하면 더 미치고 팔짝 뛴다. 한 사람이 늘 같은 패턴의 욕망을 보이는 게 아니기 때문이다.

내 경우 아침엔 주로 조용한 시간을 가지려고 노력한다. 혼자 차를 마시며 위안과 평화를 찾는다. 허브차 한 잔을 마시며 나를 치유하는 행동은 욕망의 지도 중 주로 2층에 있는 욕망에 해당할 것이다. 베인 앤 컴퍼니 모델의 살아있는 언어를 빌리자면 걱정을 줄이고 ("Reduces Anxiety"), 나를 보상하며 ("Rewards Me"), 어지러운 내 마음을 치유하고자 ("Therapeutic Value") 하는 욕망이다. 누군가 이 시간대의 나를 본다면 무척 고상하고 평화로운 사람이라고 생각할 것이다. 그러나 앞서 말한 것처럼 한 사람을 알아가는 것은 쉬운 일이 아니다.

누군가 해질녘에 나를 만난다면? 전혀 다른 이야기가 된다. 해질녘이 되면 달의 영향 때문인지는 몰라도 나는 혼자 읽고 쓰는 시간에 싫증을 느낀다. 뭔가 재밌는 것을 찾고 ("Fun and Entertainment") 사람들과 어울리고 싶어한다 ("Affiliation and Belonging").

이런 내 모습을 보고 변덕스럽다고 생각할 사람은 많지 않을 것 같다. 누구나 비슷하기 때문이다. 심지어 같은 상황에서도 그때 기분에 따라 욕망이 달라지는 게 인간이기도 하다.

인간의 이런 변덕을 연구하면서 브랜드 전략은 더 진화되었다. 도대체 왜 이런지를 알아야 소비자들에게 마케팅을 할 수 있기 때문이다.

브랜드 전략가들은 지도를 계속 확장해 나가고 있다. 한 사람이 어떤 욕망을 느끼는가는 기본이고, 어떤 나이에, 어떤 성별에, "어떤 상황인가"까지 고려한 다층적 지도가 필요하기 때문이다. 이런 변수까지 고려한 전략 이론은 글로벌 소비재 브랜드에 주로 적용되고 있다.

브랜드 전략가라는 것을 과시하며 이 복잡한 전략 모델을 소개하려는 게 아니다. 우리가 알아야 할 것은 단 하나이다.

인간의 욕망은 고정되어 있지 않다. 연령대와 자기가 처한 상황에 따라 변화한다.

특히 나는 50대라는 나이 구간을 주목해야 한다고 생각한다. 50대를 브랜드 전략이 아닌 현실 세계로 끌어오면 그 의미가 남다르다. 그 이유는 이렇다.

3

기업은 가능하면 많은 사람들을 자신의 편으로 만들기 위해 노력한다. 그러나 기업에서 별로 신경쓰지 않는 사람들도 있다. 애석하게도 그 집단이 바로 50대이다.

타기팅 전략에 따르면 여러 집단의 소비자 타깃이 있다. 가장 중요한 집단은 브랜드 자산에 영향을 주는 인플루언서 또는 코어 타깃이다. 이들은 실제 매출에 기여하는 것은 적지만 브랜드 자산에 영향을 주기 때문에 기업에서는 이들에 대해 공부하고 투자한다. 반면 매출 대부분에 기여하지만 브랜드 가치에 대한 영향력이 적은 집단이 있다. 소비군이다. 이들은 상업적 성공을 위해서는 기업에게 꼭 필요한 집단이지만 이들의 구매 결정은 대부분 판촉이나 진열 등의 즉각적인 혜택에 의해 바뀌는 경우가 많다.

기업에서는 이들을 공부하거나 투자하지 않는다.

50대 이상은 거의 모든 브랜드에 있어 소비군이다. 인플루언서 그룹이나 코어 타깃층이 될 확률이 매우 낮다. 단순히 나이 때문에 그런 것이 아니다. 50대를 기점으로 삶의 자세와 사고 패턴이 급격히 변화하기 때문이다.

쉽게 이야기하면 50대 이상의 소비자들은 자신이 선호하는 브랜드를 바꾸는 일이 거의 없다. 자신의 생각을 바꾸지 않는다. 설득당하지 않는다. 좋은 말로 하면 안정적이고 지조가 있다. 삐딱하게 말하자면 게으르고 바뀔 줄 모른다. 그 점이 브랜드 전략에서 50대가 등장하지 않는 이유이다.

브랜드 전략가들이 그리기 시작했다는 커다란 지도엔 서울이나 뉴욕처럼 밀집된 길이 나있는 지역이 있는가 하면 아마존 밀림이나 비무장지대처럼 별다른 표시가 없이 허허벌판인 곳도 있다. 예를 들어 20대부터 40대까지는 소득 수준이나 교육 수준, 지역, 결혼 여부 등에 따라 세부적인 타깃 그룹이 존재한다. 하지만 50대 소비자에 대해서는 성별 등의 아주 간단한 구분이 존재할 뿐이다.

이 그룹의 이름은 "이룰 것 다 이룬 사람들"이다 ("full-fledged"). 경제적으로 넉넉하든 부족하든 간에 이들의 삶의 방식은 안정적이다. 본인 나름대로 패턴화되어있다고 말할 수 있다. 집을 사려고 했다면 이미 샀을 것이고, 그러지 못했다면 또 그런 채로 살아갈 것이다. 자식은 이미 다 커서 품을 떠났거나, 적어도 아기처럼 돌볼 필요가 없다. 그것이 무엇이든 간에 삶이 획기적으로 바뀔 일은 통상적으로는 없다.

뭐니 뭐니 해도 이들의 특징은 안정이다. 좋게 말하면 자신의 방식을 찾아 규정한 것이고, 나쁘게 말하자면 변화에 대한 의지가 약하다. 이런 특징은 소비 행태에도 나타난다. 이들은 지금까지 자신이 마시던 맥주 브랜드를 마시며, "그 맥주엔 그 안주"처럼 자신만의 리추얼을 고집한다. 정치적으로 자신이 좋아하는 정당이 정해져있으며 그것이 바뀌는 일은 잘 없다. 한국의 문화적 환경으로 본다면 자식이 대학에 가는 나이다. 2019년 통계청의 평균 출산나이 32세를 감안하면 평균 52세이다.

이는 의미하는 바가 크다. 어쩌면 삶의 변화를 만들어낼 수 있는 마지막 기회가 이 52라는 숫자와 관련이 있을 것이기 때문이다.

4

하버드 대학교 연구진이 1930년부터 72년 간 814명의 삶을 분석했다. 행복을 연구하기 위해서이다. 그 연구 결과를 묶은 책이 〈행복의 조건〉이다.

"행복하려면 많이 웃고 많이 걸으라."는 뜬구름 잡는 소리가 아니다. 〈행복의 조건〉은 탄탄한 학문적 기초를 바탕으로 한 이 시대의 등불 중 하나이다. 이 연구결과가 우리의 컴컴한 앞길을 밝히기 위해 비추고 있는 지점을 주목하자.

조지 베일런트와 하버드대학교 연구팀은 건강하고 행복한 노년을 부르는 7가지 조건을 찾아냈다. 이는 사람들이 생각하듯이 돈, 명예, 학벌이 아니었다.

여기엔 교육의 지속성, 안정적인 결혼생활, 비흡연, 적당한 음주, 규칙적인 운동, 적당한 체중 같은 비교적 예상 가능한 것들이 꽤 포함되어 있다.

50세가 되었을 때에 이런 조건을 만족한 사람들은 80세가 됐을 때 더 행복하고 건강했다. 하지만 50세 전후에 이런 조건 중 적어도 3가지를 채우지 못한 사람들은 누구도 행복하지 않았다고 한다.

연구결과가 보여준 행복의 여러 가지 조건 중 가장 중요한 세 가지가 있었다. 긍정적인 삶에 대한 태도 (고난에 대처하는 자세), 행복한 결혼생활 그리고 사람들과의 유대감이다. 그리고 이런 조건들을 50대에 만들어냈느냐가 행복의 결정적인 단서였다.

브랜드 전략에서의 명제와 조지 베일런트의 연구결과는 하나의 메시지로 수렴한다.

50대는 삶에 대한 태도와 유대감을 바꿀 수 있는 마지막 기회일
수 있다.

나는 당장 실행할 수 있는 방법으로 블로그와 유튜브를 처방
하고 싶다. 삶에 대해 긍정적인 태도를 갖게 되고 영혼의 단짝을
만날 수 있는, 하지만 아주 재미있는 통로다. 뿐만 아니다. 내가
더더욱 이 두 가지 해법을 강조하는 것은 다락방과도 연관이 있
다. 여기에 대해서는 조금 나중에 다루게 될 것이다.

5

저명한 발달 심리학자 에릭 에릭슨은 자아통합이라는 개념을
통해 '의미 있는 인생'을 설명했다. 모든 인간은 태어나서 죽을
때까지 사회심리적으로 8단계의 과정을 거친다. 그 중 마지막 단
계인 인생의 황혼기에서는 자신을 이 두 가지 모습 중 하나로 인
식하게 된다.
자아통합 또는 절망.
자신의 삶을 전체적으로 바라보는 시기가 온다. 자신의 삶을

되돌아보거나 의미를 엮어내는 시간인 것이다. 자아통합에 이른 인간은 자신의 현재와 과거를 수용한다.

반대로 그렇지 못하는 경우에는 좌절감에 빠진다.

자아통합은 "세상의 위치와 영적 통찰에 도달하는 경험"이다. 거창하게 들리지만 조금 풀어쓰자면 이렇다.

아무리 비싼 대가를 지불하더라도 이 세상에 '나'라는 존재는 오직 하나 뿐이며 , 한번 태어나 한번 죽는 존재라는 사실을 겸허하게 있는 그대로 받아 들이는 것이 바로 통합이라는 것이다.

에릭 에릭슨이라는 우리의 컴컴한 앞길을 밝히기 위해 비추고 있는 곳을 보라. 우리를 의미있게 하는 것은 〈행복의 조건〉에서와 마찬가지로 욕망의 집 1층이나 2층에 있지 않다.

6

왜 살아야 하는지 아는 사람은 그 어떤 상황도 견딜 수 있다.

－니체

7

빅터 프랭클은 2차대전 당시 나치군의 홀로코스트 희생자였다. 유대인 수용소에서 아내와 가족을 잃고 모든 자유가 철저히 억압받는 곳에서 구사일생으로 살아남았다. 정신의학자이자 로고테라피의 (Logotherapy) 창시자인 빅터 프랭클은 삶의 의미에 대해 이렇게 이야기했다.

"내 운명은 그 누구와도 다른 고유한 것이다. 그 운명을 짊어지는 방식을 결정하는 것은 나에게만 주어진 독자적인 기회다."

"이 세상에 자신의 존재를 대신할 수 있는 것이 아무도 없다는 사실을 깨닫게 되면, 생존에 대한 책임과 그것을 계속 지켜야 한다는 책임이 아주 중요한 의미로 부각된다."

"자유가 억압받는 수용소에서도 내가 삶을 바라보는 태도와 삶의 의지는 누구도 앗아갈 수 없는 것이었다. 정말 중요한 것은 우리가 삶으로부터 무엇을 기대하는가가 아니라 삶이 우리로부터 무엇을 기대하는가이다."

대한민국은 전쟁통에서는 살아남는 것 자체가 삶의 의미였다. 내 가족을 지키고 굶지 않는 것이 의미인 시절도 있었다. 모든 면에서 더 열악했던 시절이었지만 삶의 의미는 단단했다고 할 수 있다.

우리는 이제 풍족한 시절을 맞았다. 하지만 삶은 또 다른 차원의 의미를 우리에게 묻기 시작했다. 우리의 삶에 어떤 의미를 갖는지 묻고 있다.

인간은 고유하다.

고유함을 채우지 못하면 불행하다. 고유하고 특별한 우리의 인생을 발견해야 한다. 고난과 괴로움까지 통합해야 한다. 나라는 사람의 삶으로 녹아들게 해야 한다.

그리고 명심할 것이 있다. 이 고유함의 공백은 돈이나 명예로 채워지지 않는다.

당신은 왜 살고 있습니까.

당신 삶의 목적은 무엇입니까.

이 시대의 선구자들은 방황하는 사람들의 앞길을 비추기 위해 등불을 들고 서 있다. 그 길은 다락방으로 이어진다.

이 질문을 다시 들여다 보자. 그러고 보니 이것은 다락방으로 들어가기 위한 인터뷰 질문이었다.

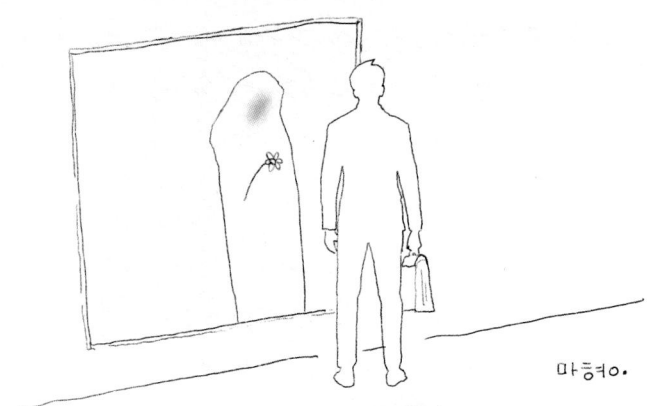

마등커.

II.

나는 왜 마작가가 되었나

마작가님, 꼭 한번 만나보고 싶어요

1

내가 독립을 선포한 것은 2020년 1월이다. "나는 이제 독립했소."라고 어디에 광고를 한 것은 아니다. 지인들에게 내가 독립했다고 명함을 돌린 것도 아니다.

아래 마작가 독립사는 2020년 8월 23일에 블로그에 올린 글이다. 이 선포는 일기 쓰듯이 나 스스로에게 한 다짐이었다. 당시 계획한 '다음 책'이 바로 이 책 〈방황하는 사람은 특별하다〉이다.

마작가 독립사 (獨立史)

2020년 1월 독립선언.

　　　　남들이 부러워하던 "뭔 기업 무슨 직급"이 아닌

　　　　"마작가" 개인 브랜드로 살겠다 선포.

2020년 1월 유튜브 시작.

2020년 2월 네이버 블로그 시작.

2020년 5월 유튜브 구독자 1천명.

2020년 6월 〈이래도 위탁판매가 어려워요〉 출간.

2020년 6월 개인 대상 컨설팅 시작.

2020년 7월 〈내 젊은 날에 보내는 비밀 레시피〉 종이책 출간.

2020년 7월 위탁판매 책 예스24 경제경영 베스트셀러 기록.

2020년 7월 쇼핑몰 위탁판매 월매출 600만 원 돌파.

2020년 7월 작가로써 책판매 첫달 수익 130만 원 기록.

2020년 7월 유튜브 구독자 2천명.

2020년 7월 블로그 방문수 1만회.

2020년 8월 〈작가워크샵〉 1기 시작.

앞으로의 계획: 2020년 9월-2021년 6월

작가워크샵 1기 작가들 도서 8권 출간 및 교보문고 입점

다음 책 〈삶의 의미를 찾아서, 더 늦기 전에〉 출간

기업/기관 출강: 연세대, 서원대, Hi서울브랜드 CEO 모임 외

북콘서트: 마리끌레르와 콜라보레이션

작가워크샵 이어 가기 (중장기목표: 작가워크샵 출신 작가/강사/인플루언서 100명 배출)

온라인 특강 줌 클래스 시리즈 개설

아웃도어/테라피 전문 온라인 쇼핑몰 Pilot test

유튜브 인터뷰 콘텐츠 (목표: 이시형 박사, 최진석 교수)

되면 기쁜 마음으로 나누고, 안 되면 배움으로 삼겠습니다. 그저 묵묵히 제 길을 걸어가볼까 합니다.

희망도 절망도 없이.

2

2020년 1월에 이 모든 게 시작되었다. 불과 몇 달만에 재미있는 일이 일어났다. 유튜브 댓글에 나를 작가님이라고 부르는 메시지가 달리기 시작했다. 그 동안 어디서도 불려보지 못한 이름이었다.

누구는 "이런 어른이 있다는 것에 감격했다."고 말했다. 내가 인생의 방향을 제시했다고 했다. 무기력했었는데 용기를 얻었다고 했다. 인생 최대의 위기에 너무나 큰 도움이 된다고 했다. 다른 세계를 알려주었다고 했다. 내 영상을 보고 새로운 힘이 생겨났다고 했다.

이 사람들 왜 이러지.

처음엔 이런 생각이 들었다.

작가워크샵 프로그램을 시작할 때 즈음 구독자들을 만나기 시작했다. 마작가라는 이름으로 사람을 만난 것은 처음이었다.

참가자들 중 몇몇은 나를 처음 만나고는 깜짝 놀라서 입을 가리거나, "어머머"라는 감탄사를 뱉었다. 티브이에서 보던 사람을 만난 것처럼 신기하다고 했다. 우스개소리로 연예인을 보는 것 같다는 분도 있었다.

마작가님을 실제로 만나보고 싶어요.

이제는 이 말이 낯설지 않다. 어떤 분은 내 영상을 보고 감전이 된 것처럼 온몸의 털이 서는 느낌을 받았다고 한다. 그분은 내게 바로 이메일을 보냈다. 며칠 후 나는 그분을 만나 개인적으로 컨설팅을 해주었다.

브랜드 전문가로써 나는 당신이라는 상품을 이렇게 브랜딩 해서 이런 사람들에게 팔겠어요. 이런 의견을 건넸다. 나를 보는 눈에서는 집중과 약간의 존경을 느낄 수 있었다.

컨설팅을 자주 하는 것은 아니지만 덕분에 숲에서 서울로 왔다갔다 하는 차비 정도는 보탬이 된다. 하지만 차비보다 중요한 것은 내가 누군가에게 도움을 줄 수 있다는 사실이다.

나는 스스로에게 묻는다.

"마작가 양반. 이제 다락방으로 올라갈 준비가 된 건가?"

그리고 고개를 가로젓는다.

3

내가 얼마나 잘났는지 떠벌이는 것처럼 들릴 수 있다. 그래서 나는 이런 이야기를 거의 하지 않는 편이다. 이야기하는 사람은 손가락에 꼽는다. 잘 나가는 디자인 그룹 씨앤컴을 설립한 김태균 대표나 톡톡튀는 브랜드 전략 그룹 롤로이의 김재환 대표 정도다.

이 둘을 제외하면 "사람들이 만나고 싶어하는 마작가"의 정체는 굳이 말하지 않는다. 내 오랜 친구들이나 가족에게도 이런 이야기는 한 적이 없다. 내 독자나 구독자들을 욕되게 하고 싶지 않기 때문이다.

"그게 진짜야? 아니 뭐 하는 사람들이길래. 참 할 일도 없나보다. 너 같은 하찮은 사람을…"

4

앞서 이야기한 것처럼 에릭 에릭슨은 여러 개의 나를 통합하는 것이 삶의 마지막 숙제라고 했다. 대 학자의 결론은 명쾌하다. 자아를 통합하지 않으면 인생의 마지막 단계는 절망이라고 말한다.

나는 이렇게 겁주는 말을 들어본 적이 없다. 삶의 마지막 순간에 절망이라니.

우리의 삶이 고유한 이유는 우리는 저마다 다른 욕구의 집에 살고 있기 때문이다. 그리고 욕구의 집 안에는 아마도 수없이 작은 방이 존재할 것이다. 다르게 말하면 각 방에는 서로 다른 내가 살고 있다. 에릭슨이 이야기한 "자아 통합"이란 이 방 저 방에 살고 있는 나를 한군데로 불러 모아, 모두를 한번에 지칭할 수 있는 단 하나의 이름을 지어주는 일일 것이다.

5

지금까지 나를 아는 사람들은 크게 두 부류로 나눌 수 있다. 이 사람들을 한 군데로 불러 모으면 꽤 재미있는 토론이 벌어질 것이다.

한 부류는 마형민을 글로벌 기업의 브랜드 전략팀 마팀장으로 알고 있다. 다른 부류의 사람은 마형민을 유튜버이자 강연가인 마작가로 알고 있다. 이 두 그룹은 상대 그룹이 생각하는 마형민에 대해 상당히 거부반응을 보이거나, "당신들은 마형민에 대해 단단히 잘못알고 있다."고 단정지을 것이다.

어느 회사에 다닐 때에는 깐죽대는 프랑스인 상사와 부하직원이 "책도 없는데 무슨 작가냐. 책은 어디 있냐."며 내 아이디 "마작가"를 비웃은 적이 있다. 사실 나는 출판한 책이 있었고, 극본을 써서 수상한 경력까지 있었다. 공개하지 않은 중단편 소설도 열 편이나 갖고 있었다. 하지만 그런 것을 이야기하고 싶지 않았다. 나를 뭘로 알아도 상관 없었다. 그들이 알고 있었던 것은 나의 아주 일부분이었고, 나는 진짜 소중한 내 보물들을 돼지들에게 보여주고 싶지 않았다.

어쩌면 이런 일들이 반복되면서 나는 독립의 필요성을 느꼈을 것이다.

독립이란 단순히 회사에서 나온다는 뜻이 아니었다. 독립이란 숨겨진 내 이름을 찾아주고, 나아가 여기저기 흩어진 나라는 사람을 한 군데로 불러모으는 작업이었다. 더 늦기 전에, 그래서 50 대가 훌쩍 지나가버리기 전에 이 작업을 착수해야 한다는 어떤 사명감이었을지도 모른다.

직장인의 꿈은 직장에 없었다

직장에서는 내 영혼의 허기를 채울 수 없다.

이 사실을 확실하게 깨닫는 데 10년이 넘게 걸렸다. 나는 직장 안에서 의미를 찾으려고 부단히도 노력했다. 억지로 내 꿈과 직장에서 하고 있는 일을 끼워맞춘 적도 있다. 나는 창의적인 것을 원하니까 내가 하는 마케팅 프로젝트가 그런 재능을 발휘하도록 돕고 있다거나... 때로는 그런 아이디어가 나 스스로에게 최면을 걸어 그럭저럭 직장에서의 따분한 시간들을 버티게 만들었다.

그러나 그런 최면은 오래 가지 않았다. 몇 번의 최면에 걸렸다 풀렸다 하면서 깨달은 것은, 그런 것들은 일시적인 마취에 가깝다는 사실이다.

오히려 마취가 풀릴 때마다 더 많이 휘청거렸다. 나는 마취제가 아닌 제대로 된 처방전이 필요했다. 그것을 직장에서 찾는다는 것은 거의 불가능해 보였다.

1

첫 직장은 국대 대기업의 영업직이었다. 많은 취업 준비생들이 꿈의 직장으로 꼽는 그런 자리였다.

사람들과 어울리며 부딪히는 재미가 컸다. 싹싹하고 우직한 막내다 보니 지점장이나 과장들이 예뻐했다. 회식에서나 창고정리에서나 심심하면 내 이름을 불렀다.

나는 식음료 제품의 대형 할인점 영업을 맡았다. 돌아보면 행복하고 자유로웠다. 신입사원이었지만 내 시간을 마음대로 짜는 맛이 있었다. 여기저기 돌아다니고, 파견된 판매사원들과 지지고 볶는 게 일이었다. 이런 시간들은 내가 시장통 상인이 된 것 같은 묘한 활기를 주었다.

그 당시 50대이던 여사님들이 나를 예뻐했다[1]. 나이 차이가 스무 살도 넘는데 그야말로 남매나 친구처럼 지냈다. 그중 한 분이 지금의 아내를 소개시켜 주기도 했다.

돌이켜 보면 최고의 첫 직장이었다. 자유와 권한을 갖고 있으면서도 장사에 대해 배울 수 있었다.

1) 내 유튜브 채널의 열혈 구독자 중엔 50대 여성이 가장 많다. 의미있는 발견이다.

내가 유일하게 싫어했던 것은 갑질이었다. 싫어도 너무 싫어서 귀신처럼 느껴졌다. 최근에야 갑질에 대한 보도가 나와서 알려졌지 그 당시엔 갑질이라는 말도 생소했던 것 같다. 매장 관리자들의 갑질이 상상을 초월했다. 할인점의 구매력이 크기 때문에 이런저런 업체에서 다 욕심을 냈고, 혹시나 매장 관리자의 갑질로 물건이 빠지기라도 한다면 큰 일이었다. 남자 매장 관리자들이 파견된 도우미들을 희롱하거나 괴롭히는 일도 종종 있었다. 때로는 그런 목적으로 미인계를 쓰는 회사도 있었다. 행사를 앞두고 좋은 매대를 얻거나, 아니면 매장의 진열 면적을 한 줄 더 넓히기 위해서였다.

연말에 있었던 일이다. 본사에서 할인점과 함께 판촉물을 주는 전단 행사를 했다. 커피믹스를 사면 판촉물로 작은 커피믹스 세트를 주는 행사였다. 대박이 났다. 그런데 우리 회사 본사에서는 더이상 판촉물이 없다고 했다. 전단까지 나간 큰 행사인데 이걸 보고 온 사람들은 할인점에 항의를 할 것이고, 그 뒷감당은 영업사원인 내가 고스란히 떠안을 수밖에 없는 상황이었다. 지금 생각해보니 본사의 담당자는 내가 신입사원이라서 일부러 그랬는지도 모른다. 남는 판촉물을 자기와 친한 영업사원에게 더 배정해주는 행태를 나중에야 알게 되었다. 나는 매장에 찾아가 죽는 얼굴로 설명을 해야 했다. 물론 매장에서는 이를 이해하지 못했다. 나는 어떻게든 더 알아보겠다고 핑계를 대고 밖으로 도망 나왔다.

매장 담당자는 한 시간마다 전화를 했다. 이게 무슨 일이냐며 소리를 질렀다. 직접 시장에 가서 사오든지, 와서 매대 앞을 지키고 서서 고객들한테 일일이 사과를 하던지 당장 책임을 지라는 것이었다.

그때가 크리스마스였다. 내가 담당하던 할인점만 11개였다. 그중엔 강남구와 서초구 매장도 꽤 있었다. 대한민국에서 부자들이 가장 많이 살기 때문에 불만접수도 가장 많은 매장들이었다. 매장 여러 곳에서 계속 전화가 왔다. 나는 자취방에서 이불을 뒤집어 쓰고 무서워서 벌벌 떨었다. 매장 담당자는 문자로 육두문자를 날렸다. 이런 일은 그 후로도 몇 번 반복되었다.

회사에서 내가 결정할 수 있는 것들은 아주 사소했다. 반면에 내가 결정하지 않은 것들 때문에 곤란해지는 경우가 너무 많았다. 매장 담당자의 갑질은 멈추지 않았고, 재고조사에서 비는 상품들을 채워넣으라는 말도 안 되는 '로스 처리'를 위해서 나는 회사에 거짓말을 해야 했다.

하루에 2만 보씩 걷고 무거운 짐을 옮기고 2시간 넘게 운전을 했다. 술과 담배와 회식도 늘상 있는 일이었다. 좌골신경통, 하지정맥이 나타났다. 엉치뼈가 아파서 서있기 힘들었고, 밤이면 발바닥이 욱신거려서 잠을 자기 힘들었다. 군대를 제대한지 얼마되지도 않은 20대였다. 신경도 무척 예민해졌다.

가끔씩 누군가가 울고 있는 소리가 들리기도 했다. 그것은 내 안에서 들려오는 소리였다. 분명히 우는 소리와 어떤 이미지를 인지했다는 게 신기했다.

거 참 희안한 일이네, 나는 몇 번 그렇게 생각했다.

첫 사회생활이 무척 고달팠지만 도움을 받을 사람도, 책도 찾지 못했다. 특별히 뭐가 하고싶은 것도 없었다. 그저 이 상황을 피하고 싶었다.

돌이켜 보건데 그 시기에 내가 갈망하던 것은 안정감 그리고 더 나은 내가 되고 싶다는 욕구였다. 악마처럼 느껴지던 매장 담당자로부터 벗어나고 싶었다. 내가 하는 일이 허드렛 일처럼 느껴졌다. 나는 20대였고, 좀 더 다양한 경험을 하고 싶었다.

욕망의 집에 있는 여러가지 욕구들이 나를 다른 곳으로 밀어내고 있었다.

그러던 중 다음 기회가 찾아왔다. "도저히 못 견디겠다." 이런 생각을 백 번쯤 했을 때였다.

2

마케팅 부서로 옮기고 나서는 주로 머리 쓰는 일을 했다. 영업 지점에 있을 때와는 사뭇 다른 일상이었다.

내가 마케팅 부서로 간 것은 순전히 운이다. 나는 마케팅 수업을 들어본 적이 한번도 없다. 마케팅이 정확히 뭘 뜻하는지도 몰랐다. 관심도 없었다. 전공도 정치외교학과 문학이다. 언감생심 마케팅으로 가고 싶다는 생각을 한 적도 없었다. 영업지점 생활을 하면서 마케팅 부서의 힘과 권력을 알고 있었기 때문이다. 저기는 뭔가 대단한 사람들이나 갈 수 있는 곳이라고 생각했다.

어쨌든 성실하지만 대담하고 웃기는 녀석이라는 평판[1] 덕분에 나는 본사의 레이더 망에 걸렸다. 그리고 나는 마케팅 부서로 발령을 받았다. 내 일생일대의 사건이 우연히 이루어진 것이다.

우선 갑질에서 자유로워졌다. 그것만으로 나는 마음의 안정을 찾을 수 있었다. 상사가 괴팍하기로 유명한 사람이었지만 그만큼 똑똑한 구석이 있어서 정말 많은 것을 배울 수 있었다. 지금도 나

---

[1] 나는 수습시절 오토바이를 타고 출근을 했다. 자동차 운전면허증도 없었다. 수습 교육 때 좋아서 몇 번 지적을 당했는데 회식 때엔 또 발발거리고 잘 어울렸다. 당시 막내 사원의 임무 중 하나가 1주일에 한 번씩 각 지점의 시장상황을 요약해서 사장을 포함한 임원과 전국 지점장들에게 보내는 것이었다. 나는 이 보고서의 마지막 부분에 시황에 어울리는 문학적 비유나 시를 첨부함으로써 임원들에게 알려지기 시작했다. 임원과 지점장들이 모인 회의에서 "이 놈은 누구냐"는 이야기가 나왔다고 한다. 다행히 내 시황이 엉터리는 아니었고, 당시 지점장님의 긍정적인 시선으로 포장되면서 내 평판은 독특해졌다.

는 최건민 팀장을 내 커리어를 만들어준 가장 훌륭한 멘토로 꼽는다.

마케팅은 없던 것을 만들어낸다. 주요한 브랜드의 방향과 전략을 결정한다. 게다가 돈을 쓰는 부서이다. 이런 특징 때문에 회사 내부적으로도 최상위 부서나 다름없었고, 각종 대행사나 제작 업체들에게도 대단한 갑이었다.

할 수 있는 게 아무것도 없던 식품업체 신입사원이었는데, 어느 날부터인가 사람들이 와서 머리를 조아리는 낯선 풍경이 이어졌다.

마케팅은 낯선 분야였지만 창조적이면서도 논리적인 매력이 있었다. 마케팅을 알아가는 것이 진심으로 기뻤다. 마케팅 전략은 큰 그림을 보는 일이었다. 사람들에게 영향력을 주고 그 결과가 시장에서 숫자로 나타나는 게 너무 신기했다. 마케터로 변하는 내 모습에 가슴이 뛰었다. 그리고 나는 내부적으로나 관계된 마케팅 에이전시로부터 꽤 일을 잘 한다는 평판을 쌓아갔던 것 같다.

그러던 중 미국의 스타벅스 본사와 일을 할 기회가 생겼다. 처음엔 보조적인 업무였다. 그리고 시간이 조금씩 지나면서 내가 주도하는 프로젝트가 생기기 시작했다. 팀장도 나를 신임하는 게 느껴졌다. 자연스럽게 내가 결정하는 것들이 많아지기 시작했다.

누구든지 조직에서 자기 윗 사람이 하는 일을 직접 해보는 게 좋다. 그 때가 자신이 가장 크게 성장할 수 있는 기회다. 나 역시 그러했다. 또한 당시 팀장은 이런 방식을 통해 내가 더 성장하기를 진심으로 바랐던 것 같다. 그래서 내게 더 많은 일들을 결정하도록 하고 지켜봤던 것이다.

그런데 재미있는 일이 벌어졌다.

시애틀에 있는 스타벅스 본사로 출장을 다니고 또 본사팀과 일하는 사이에 내가 이런 생각을 하기 시작한 것이다.

"이런 일은 뭔가 시시해."

4년동안 나는 중견사원이 되어 있었고, 내가 하는 일들이 왠지 시시하게 느껴졌다. 나는 더 큰 일을 하고 싶었다. 이를테면 외국에서 일한다거나…

한번 이런 생각이 들기 시작하자 신기한 일이 벌어졌다. 일상이 갑자기 시들해지기 시작한 것이다. 나는 당시 막 서비스를 시작하던 트위터나 페이스북을 기웃거리며 더 큰 물로 나아갈 방법을 모색하기 시작했다.

그리고 어느 날 전화를 받았다. 영국계 회사의 헤드헌터였다. Jin Kim 이라는 교포였다. 그녀가 찾고 있는 포지션은 외국계 회사의 브랜드매니저였다. 그녀는 왠지 스타벅스 관련 경험이 있으면 의뢰한 회사에서 좋아할 것 같다고 생각했다. 그리고 수소문

끝에 나를 찾아냈다.

그녀는 새내기 헤드헌터였다. 말하자면 그녀는 한 번도 이직을 성사시켜본 일이 없었다. 내 성공이 곧 그녀의 성공이었다. 나를 성공적으로 이직시키기 위해 그녀는 주말 과외도 마다하지 않았다. 그리고 나는 이직에 성공했다. 거의 열 명의 지원자가 계속 낙방했던 그 포지션이었다. 그리고 얼마 지나지 않아 그녀는 헤드헌터 일을 그만두었다.

내 일생일대의 사건이 또 한번 우연히 이루어진 것이다. 만약 그녀가 없었다면 나는 이직에 성공하지 못했을 것이다. 외국계 인터뷰 방식이나 영어 능력 모두 그녀의 헌신적인 노력 덕분이었다.

그녀는 나를 돕고는 홀연히 사라졌다.

3

마케팅을 시작한 것은 내 커리어에 획기적인 사건이었다. 내가 갈망하던 것들을 단칼에 해소시켜주었다. 돌이켜보건데 영업사원 시절에 내가 원하던 것은 이렇다.

나는 스스로 생각하기에 허드렛일이 아닌 더 그럴듯한 일을 하고 싶었다. 정서적으로는 무엇보다 마음의 안정을 찾고 싶었다.

이를 욕망의 집에서 찾아보면 1층에 있는 "더 나은 품질", "위험 회피" 그리고 2층에 있는 "근심걱정 줄이기"라고 할 수 있다. 물론 더 나은 희망을 찾고 나 스스로에게 동기를 부여하고 싶었다.

하지만 당시에 내게 정말 시급했던 것은 따로 있었다. 당장 그 상황에서 도망치는 것이었다. 나는 욕망의 집 1층과 2층에서 허덕이고 있었던 셈이다. 다행히 이는 상대적으로 즉각 해소될 수 있는 것들이었다. 아마 그 상태가 지속되었다면 다른 방식으로 즉각적인 효과를 만들어냈을 것이다. 예를 들면 퇴사 같은 방법으로 말이다.

국내 대기업에서 외국계 기업으로 움직인 계기는 조금 달랐던 것 같다. 즉각적으로 채울 수 없는 것들이었다.

나는 더 많이 배우고 싶었다. 국내 기업의 마케팅보다 훨씬 더 정교한 외국계 마케팅을 직접 경험하고 싶었다. 그렇게 함으로써 내 자신의 가치가 더 올라갈 수 있다고 생각했다. 이것은 욕망의 집 2층에 있는 "간판 가치"이다. 더 좋은 간판을 달고 싶었다는 말이다.

그게 다가 아니었다. 나는 선친이 준 피를 한번 제대로 발휘하고 싶었다. 선친은 영어에 능하고 사교적인 끼가 있었지만 그것을 다 펼치지 못하고 50대 초반에 세상을 떠났기 때문이다. 국내 기업에서는 그럴 수 없었다. "튀어나온 돌이 정 맞는다."는 말처럼, 대기업은 조직의 문화를 더 중요하게 생각했다. 이것은 욕망의 집 3층에 있는 "가문의 유산, 혹은 가보"를 통해 자아실현을 하려는 욕망이다.

이러한 과정에서 진짜 나를 찾아간다거나 삶의 의미를 발견하려는 욕망은 작동하지 않았다. 이때 나는 겨우 1층과 2층에서 3층으로 발을 내딛기 시작했기 때문이다.

그때는 몰랐다. 나는 머지 않아 다락방으로 올라가는 신병[1] (神病)인 다락방 앓이를 시작하게 될 터였다.

4

희망을 안고 시작한 새로운 환경이 호락호락하지는 않았다. 새로 일하게 된 외국계 회사의 4년은 내게 참으로 모진 시간이었다. 회사는 내가 입사한지 얼마 되지 않아 시장에서 경쟁사에게 밀리기 시작했다. 그리고 이를 만회하기 위해 누가 봐도 무리한 시도를 회사는 반복하고 있었다. "뭐라도 하자."라는 압박감 때문에 무르익지 않은 벼락치기 전술과 앞뒤가 맞지 않는 신제품이 쏟아져 나왔다. 전략은 부재했고 게다가 방만한 경영을 줄이자며 외국인 경영진이 입맛대로 조직을 휘둘렀다. 그 과정에서 많은 사람이 회사를 떠났고 상처를 입었다.

나 역시 시시각각 바뀌는 조직에 따라 이 일을 하다가 어느 날 또 다른 일을 하는 일이 반복되었다. 영국 현지 팀과 함께 신제품 개발을 맡았다가, 갑자기 싱가포르와 함께 브랜드 전략을 맡았다. 그리고 잠시 후엔 신제품 브랜드 전략을 영업적으로 풀어내는 트레이드 전략을 맡기도 했다.

내가 당시에 하던 일을 좀 삐딱하게 표현하자면, 먹히지도 않을 전략인 걸 뻔히 알면서도 그것을 개발하고 실행하는 것이었다. 그게 내 업무였다. 하지만 발표를 할 때엔 서로 짜고 치는 고스톱처럼 실감나게 몰입한다. 발표를 하는 사람도, 발표를 듣는 사람도 마치 이 거짓말을 진짜로 믿고 있는 것처럼 연기하는 것이다. 나는 갈 곳을 잃은 기분이었다.

그러다가 얄밉고 멍청한 보스를 만나면서 나는 그야말로 길을 완전히 잃게 되었다[2]. 배울 것이 많은 훌륭한 보스를 두 번이나 연속으로 만나온 터였다. 그러나 그런 행운은 끝이 난 것 같았다. 그나마 부여잡고 있던 동아줄을 놓치게 되는 순간이었다.

---

1) "장차 무당이나 박수가 될 사람이 걸리는 병. 이 병은 의약으로는 낫지 않으며 무당이 되어야만 낫는다고 한다.", 표준국어대사전
2) 외국계 회사의 관리자 중에는 진짜 실력이 있는 사람이 있는가 하면, 지적인 측면과 리더십 모든 면에서 나머지 직원들보다 열등하지만 영어와 처세술에만 능한 사람이 많다.

어느 것 하나 만족스럽지 않았다. 중학생처럼 생각하고 말하는 이 보스 덕에 얻은 것도 있다. "될 대로 되라."라는 대담한 생각이다. 말하자면 직장과 회사에 대한 내 기본 태도를 뒤흔든 전환기였다. 나는 이런 생각을 하게 되었다.

"여기서는 열심히 하는 것이 바보다."

그리고 나서 내 탈선과 방황이 본격적으로 시작되었다. 나는 얼른 일을 끝내고는 점심 시간이 지나서까지 지하 주차장에서 낮잠을 잤다. 괜히 강남역의 회사 주변을 몇 시간씩 걸어다니기도 했다. 영화를 보러 다녀온 적도 있다. 매일 그런 것은 아니지만 그러다가 그냥 집으로 가버린 적도 있다. 할인점이나 백화점을 괜히 돌아다니기도 했다. 회사에 휴가를 내고 모텔에 쳐박혀 있다가 온 적도 있다. 집에다가는 회사에 간다고 하고, 회사에는 여행을 간다고 했다. 모텔에서는 영화를 보거나 아니면 글을 썼다.

어쩌다 그런 게 아니다. 거의 매일 이러한 일탈이 이어졌다.

마지막 1년 간 나는 두 편의 단편소설을 썼다. 그걸로 뭔가를 이루겠다고 생각한 것은 아니었다. 내 방황은 이 두 편의 단편소설 만큼이었다. 얼마나 방황하면 직장인이 두 편의 소설을 쓰게 되는 걸까.

5

"직장 상사 때문에 직장을 그만두지는 마라."

이런 이야기가 있다. 절반은 찬성이지만 절반은 반대다. 대부분의 직장인은 보스 때문에 직장을 그만둔다. 개인마다 사연이 있어서 그만두는 것이다. 보스 때문에 그만두는 사람을 비난하는 것은 오버다. 왜냐하면 보스라는 것은 하나의 상징이기 때문이다. 보스는 회사의 모든 것들을 압착해서 보여주는 메타포이다. 그러므로 나는 보스 때문에 직장을 둔다는 사람을 만류하지는 않겠다. 그렇게 따지면 나도 보스 때문에 직장을 그만두었다.

그 사이 이직 준비를 했다. 이직 시도도 여러 번 했다. 하지만 내가 원하는 결과는 없었다.

그렇게 몇 년의 방황 끝에 결국 나는 사표를 썼다. 생계를 위해 직장은 중요했다. 그러나 그렇게 의미없이 살아가는 것에 대해 스스로 불쾌한 감정이 들었다. 둘째가 태어난지 한 달째였다. 내가 퇴사하는 것을 두고 회사 사람들이 수근댔다. 둘째가 태어났는데 그냥 퇴사할 리가 없어. 분명 어딘가로 이직하는 거야.

그리고 한 달 후에 나는 하와이로 날아갔다. 세를 얻고 일단 아무것도 하지 않기로 결심했다. 어떤 생각이 떠오르기 전까지는 그냥 살기로 했다.

모든 것을 원점에서 생각하고 싶었다. 그러기 위해서는 상징이 필요했다.

왜 하와이냐고 물으면 다소 현실적으로 답할 수밖에 없다. 나중을 위해 핑계거리라도 되려면 하와이만한 곳이 없었다. 하와이에서 어학연수를 했다거나, 하와이에서 요양을 했다거나, 아니면 하와이에서 공부를 했다거나... 정 안 되면 우스개 소리로 하와이에서 서핑을 배웠다고 말할 수도 있었다. 퇴사 후 하와이라니, 다소 극단적이라고 말할 수도 있겠다. 하지만 지금까지의 어지러운 마음을 가라 앉히려면 그 반대급부의 강력한 처방전이 필요했다.

6

1년을 놀았다.

허리가 안 좋아져 척추협착증 시술을 받았다.

여러 가지 사업을 구상해보았지만 제대로 실행한 것은 아무것도 없었다. 아무것도 이룬 것은 없었지만 나는 마음이 한결 가벼웠다. 내 계획대로 되었기 때문이다. 내 계획은 1년간 아무것도 하지 않는 것이었다.

10년을 넘게 일했으니, 1년쯤은 쉬어도 좋다고 생각했다. 그렇지 않았다면 나는 제대로 된 우울증을 겪었을 것이다.

그때는 인지하지 못했지만 내 안에서 하나씩 하나씩 무엇인가가 생성되던 시기였다. 객관적으로 증명할 수는 없지만 나는 그 시간을 현명하게 잘 보냈다고 생각한다. 그냥 꾹 참고 회사를 다녔다면 1년으로는 재생할 수 없었을 것이다. 더 깊이 있는 근육이 못 쓰게 되었을지도 모른다. 지나고 나서 보니 이런 대처를 한 것은 나말고도 여럿 있었다.

조셉 캠벨은 대공황 이후에 시골에 처박혀 책을 읽었다. 딱히 연구활동이나 경제활동은 하지 않았다. 속된 말로 책 읽는 백수였던 셈이다. 그렇게 몇 년을 보냈다. 그렇게 쌓인 시간은 조셉 캠벨을 위대한 학자이자 멘토로 만들었다. 오만하게 내가 그렇다고 말하지는 않겠다. 하지만 나 스스로는 알고 있다. 아마 내가 하와이에서 보낸 시간은 조셉 캠벨의 그 시절과 비슷했던 것 같다.

아니면 헨리 데이비드 소로우가 월든 호수에서 보낸 시간과 비슷할 것이다. 소로우는 오두막을 짓고 숲속에서 혼자 힘으로 살았다. 소로우는 가끔 측량일을 하는 것 빼고는 아무런 경제활동도 하지 않았다. 재미있는 것은 아무것도 하지 않음으로써 가장 훌륭한 것을 만들어냈다는 사실이다.

내가 머물던 곳은 하와이 오아후 섬의 Seaside avenue였다(씨사이드 에비뉴). 아침에는 태평양의 아침 햇살에 절로 잠이

깬다. 일어나면 발코니에 나가서 하와이의 평화로우면서도 활기 찬 모습을 감상했다. 그게 내 첫 일과였다. 그리고는 곧바로 허름한 옷을 챙겨입고 쿠히오 비치까지 걸어갔다. 내 단골 수퍼마켓에서 커피를 한 잔 내리고, 스팸 무수비를 산다. 쿠히오 해변에 앉는다. 내 전용 자리가 있었다. 무수비를 먹고 있으면 비둘기들이 한두 마리 다가온다. 나는 밥알을 몇 개 던져주고 비둘기들이 그걸 쪼는 모습을 지켜보았다.

와이키키는 서향이기 때문에 해가 뜨는 모습을 지켜볼 수는 없었다. 차분해서 왠지 더 좋았다. 이른 오전이 지나면 관광객들이 하나 둘씩 모여든다. 그러면 나는 엉덩이에 모레를 털고 숙소로 돌아갔다.

그리고 나서는 음악을 들으며 뭔가를 계속 썼다. 취미로 쓰는 거라고 하기엔 조금 더 열정적이었고 심취해 있었다.

가끔씩 숙소 풀장에서 수영을 하거나 낮잠을 잤다. 하와이는 어디든 수영할 곳이 널려있다. 저녁에는 계란과 김치를 넣고 밥을 볶았다. 발코니에서 맥주도 한 모금 기울였다. 그러면 알라와이 운하에 붉은 노을이 비추면서 저 멀리 화산가스 냄새가 난다. 그리고 나서는 현지 하와이 방송을 보다가 잠든다.

이게 내 하루였다.

나는 이제 무엇을 해야 하나, 수천 번도 넘게 생각했지만 지금은 기억나지 않는다. 수첩을 뒤져보면 나올지도 모르지만 그러고 싶지 않다. 뭔가 생산적인 일을 할 수도 있었겠지만 그러지 않은 순진한 내 선택에 박수를 보낸다. 정신없이 돌아가던 내 일상의 관성을 언젠가 한 번은 멈출 필요가 있었기 때문이다. 그렇게 되돌아보지 않았다면 관성에 의해 어디론가 계속 흘러갔을 것이다. 시간은 되돌릴 수 없고 관성에 의해 흘러간 세월 역시 그렇다.

7

평화로운 하루가 반복되었다. 서울에서 일상을 가득 채웠던 혼란이 가라앉기 시작했다. 먼지가 걷힌다고나 할까, 아니면 새벽 안개가 볕에 물러간다고나 할까. 그러면서 조금씩 앞이 보이기 시작했다. 멈추지 않으면 볼 수 없었던 것들을 보고 느끼고 깨달을 수 있었다.

처음엔 희미했다. 시간이 흐르자 희미했던 것들이 조금씩 조금씩 명료해졌다. 먼지, 안개, 그리고 1층과 2층의 욕망이 바닥으로 가라앉으면서 그 대상을 확인할 수 있었다.

나는 글을 써야한다는 강한 확신이 들었다. 그것은 다짐이 아니라 확신이었다. 세상이 내게 말을 하는 것 같았다.

"글을 써. 말을 해. 사실 그 일을 계속 해왔잖아. 이제는 제대로 할 때가 왔어. 이제 네 할 일을 해. 너는 그렇게 태어났어. 도대체 언제까지 남의 인생을 살거야."

이 메시지가 내게 갑작스러운 것은 아니었다. 나는 예술을 흠모했다. 내면에 대한 탐구에 대해 호기심과 갈망을 갖고 있었다. 그것이 내 기질이었다. 괜찮은 직업을 갖고 물질적인 성취를 이뤄야 한다는 사회적인 압박이 내가 스스로 기질을 발견하지 못하도록 막은 것이다. 아니 정확히 말하면 내가 그것을 못 본 척했다.

예술이나 내면에 대한 탐구는 상업적으로 매력적이지 않다. 전업으로 글을 쓴다는 것은 자본주의와는 맞지 않는 근대적인 행위처럼 느껴졌기 때문이다. 아마 그런 것 이유 때문에 나는 스스로의 기질을 애써 못 본 척하지 않았을까. 그러기에는 나는 이미 꽤 괜찮은 사회적 지위로 발돋움하고 있었기 때문이다.

8

하와이에서 단편소설을 약 10편 썼다.

하지만 그 사실은 아무것도 바꾸지 못했다. 작가의 괴로움과 지리함만 맛보았을 뿐이다.

글쓰는 것으로 먹고 살려면 등단을 하거나 시나리오를 쓰는 것밖에 생각할 수 없었다. 하지만 그러기엔 내공이 더 필요했다.

시간의 문제이기도 했다. 퇴사한 지 1년이 되어가고 있었다. 나는 두 아이의 아빠였고, 전업주부인 아내의 마음이 타들어가는 냄새를 맡았다.

다시 취업을 하기로 했다. 마음이 한결 가벼워져서, 조금 치사하고 무의미한 직장생활도 잘 할 수 있을 것만 같았다.

"취업을 해서 다시 글을 쓰자." 이게 내 생각이었다.

9

외국계 기업 전문가의 눈으로 보면 내 경력은 개성이 뚜렷하고 일관성 있는 편이었다. 큰 기업보다는 아주 작은 신생 기업을 위주로 알아보았는데, 한국에 처음 지사를 내는 단계에서 여러 가지 도전적인 일을 해보고 싶었기 때문이다. 일과 내가 분리되지 않고 내가 노력하는 만큼 회사가 커가는 것을 직접 느끼고 싶었다. 그러나 작은 곳과는 끝내 인연이 닿지 못했고 큰 기업 몇 군데 사이에서 최종 결정을 내리게 되었다.

다시 일하게 된 직장은 여러 모로 내게 행운이었다. 회사와 나는 궁합이 잘 맞았다. 영국계 회사처럼 척박한 문화가 아니었다. 특히 해외에 본부를 둔 외국인 동료들은 정이 넘치고 긍정적인 문화를 갖고 있었다.

　나는 회사에서 여러 면에서 인정받았다. 내가 이끄는 팀은 크고 중요한 조직이었다. 흔히 말하는 억대 연봉도 좋았고, 회사에서 나라는 인재에 대해 투자하는 것도 복에 넘친다고 생각했다. 이런 과정을 통해 나는 내 전문분야인 브랜드 마케팅과 전략에 대해 무척 견고한 지식 그리고 경험을 모두 갖추게 되었다. 누가 뭐래도 나는 브랜드 전략가라고 말할 수 있는 지위와 실력을 갖게 된 것이다.

　글을 쓰려고 몇 번 시도를 했다. 하지만 허사였다.

　온 마음을 다해도 모자른데, 자투리 시간에 뭔가를 이룰거라는 생각이 옹졸했음을 깨닫기 시작했다. 예전처럼 지하철에서 쓰는 대신 나는 기사가 운전하는 차 뒷자리에서 졸았다. 모텔에서 쳐박혀 글을 쓰는 대신 회사 법인카드로 팀원들과 유흥주점을 떠돌았다. 지하 주차장에서 글감을 적는 대신 특급 레스토랑에서 샴페인을 마시고, 하루가 멀다하고 럭셔리 브랜드 이벤트에 VIP로 초대되었다.

　내가 유일하게 각성하는 시간은 해외출장이었다. 출장을 가면 꼭 몇 일을 붙여서 개인 휴가를 가졌다. 하루에 관광지 한 군데만 골라서 두어 시간 둘러보았다. 그리고 나서는 5성급 호텔에 쳐박혔다.

그러면 나는 과거로 돌아간 것 같은 느낌이 들었다. 혼자만의 시간이 목 말라서 휴가를 내고 모텔로 숨어들었던 나로 돌아간 것 같았다. 점심시간 지하주차장에서, 출근길 지하철에서 한 글자 한 글자 써내려가던 시절이 떠올랐다. 이런 순간들이 옛날이 아니라 바로 지금 일어나고 있는 것처럼 생생했다. 하와이에서 하루종일 글을 쓰고 해변을 부랑자처럼 돌아다닐 때의 공기 냄새가 호텔 방 안에서 느껴졌다. 이 호텔 문밖을 나서면 바로 쿠히오 비치가 펼쳐지고 내 단골집인 야미 (Yummy) 코리안 바베큐 사장님이 나를 반겨줄 것만 같았다.

"글을 쓰라며. 내가 태어난 대로 살아야 한다며."

나 스스로에게 여러 번 실망했다. 예전처럼 다시 나를 못 본 척하기 시작했다. 내가 누구인지, 무엇을 해야하는지, 그런 것들을 생각하면 마음이 굉장히 불편했다. 법인카드와 남들의 조아림은 내가 욕망의 집 1층과 2층에서 신나는 파티를 벌이게 해주었다. 나는 내가 잘못된 방향으로 걸어가고 있다는 것을 어렴풋이 인지하고 있었던 것 같다. 그러나 인지하는 것과 실행하는 것은 큰 차이였다. 1층과 2층의 푸짐한 대접을 조심했어야 했다. 그 안에는 당장은 모르지만 서서히 나를 마비시키는 마취제가 들어있었기 때문이다.

10

머지 않아 마취가 풀리기 시작했다. 신병(神病)처럼 다시 나를 찾아온 징후들은 이러했다.

회사에서 하는 일들이 하찮게 느껴졌다. 해외에서 방문하는 최고층 임원들도, 유명한 연예인과 하는 프로젝트도, 십 억이 넘어가는 대형 캠페인도, 억대 연봉과 보너스도, 회사에서 주는 다소 과한 혜택도, 팀원들도, 상사도, 들이밀면 사람들이 고개를 조아리던 내 명함과 타이틀도 모두 하찮게 느껴졌다.

그것은 내 것이 아니었다. 내가 잠시 그 자리를 채우고 있을 뿐이었다. 내가 이런 사실을 몰랐던 것은 아니다. 다만 이제서야 마음 깊숙한 곳에서 허무함이 치고 올라온 것이었다.

나는 왜 모든 것을 하찮게 느끼는 것일까. 단순하게 말하면 내 일이 아니었기 때문이다. 보다 합리적으로 말하자면, 나는 1층과 2층의 욕망으로는 채워지지 않는 갈망에 너무나 목 말랐던 것이다.

어느 날 밤 영화같은 일이 일어났다. 백만 원어치 술을 마시고 돌아가는 길이었다. 이상한 소리가 들렸다. 누군가 울고 있는 소리였다. 눈을 감고 이 정체에 귀 기울였다. 그리고 곧 알게 되었다.

아! 그 순간 온 몸에 털이 삐죽삐죽 서는 듯했다. 그 울음 소리는 내가 예전에 들은 적이 있었다. 바로 그 사람이다. 신입사원 시절 내가 하찮은 일을 하고 있다며 자조감에 빠져있을 때에, 내 근처에서 나지막히 울던 그 사람이었다.

이번에는 조금 더 선명한 이미지였다. 여자 아이였다. 교복을 입고 있는 것을 보니 고등학생쯤 되어 보였다. 이 아이의 정체를 알아 차리는 순간 내 마음은 무너져 내리는 듯했다. 고개를 보이지 않고 훌쩍이던 이 아이는 내 자아였다. 그리고 자기를 몰라주는 서러움으로 10년이 넘도록 남몰래 울고 있던 것이다.

술에 취해서 그렇다고 나는 생각했다. 하지만 회사를 가는 날이면 그 아이는 어김없이 울기 시작했다. 아주 희미하고 서러운 울음이었다. 그것은 꽤 심각한 일이었다. 누군가 계속 옆에서 울고 있다. 일이고 뭐고 일단 달래주는 수밖에...

회사를 그만두기 위한 작업은 일사천리로 이루어졌다. 누가 계획이라도 한 것마냥. 회사와의 크고 작은 갈등 덕분에 나는 단칼에 사표를 낼 수 있었고, 이러쿵 저러쿵 핑계를 댈 필요도 없었다.

제대로 그만두기만 한다면, 그것은 포기가 아니라 더 나은 것을 위한 새로운 기회다[1]. - 애덤 스미스

---

1) "When quitting is done correctly, it isn't giving up - it's making room for something better."
— Adam Smith

퇴사가 준비다

진정한 자유란 단절된 자유도 아니고 의무를 회피하는 것도 아니다. 단지 내가 살고자 하는 삶의 방향을 마음껏 설정할 수 있는 자유이다. – 존 스튜어트 밀

아무 준비 없이 퇴사를 했다. 두 번이나 그랬다.

나는 "준비 없이 퇴사하지 말라."는 몇몇 블로거들과 유튜버의 의견에 동의하지 않는다.

결혼을 미루는 총각은 준비한다는 핑계를 대고 도망가고 있는 것이다. 도전을 미루는 탐험가는 내내 준비한다는 핑계로 안락함을 즐긴다.

수영을 하려면 물 속에 들어가야지, 훈련을 핑계로 뭍에서 너무 많은 시간을 보내면 안 된다. 현실을 바꾸는 것은 물로 들어가

는 순간이다.

퇴사하기 위해서 준비해야 할 것은 아무것도 없다.

우리가 "준비한다"고 말할 때, 그 목적어는 무엇인가. 무엇을 준비한다는 말인가. 한 직장을 그만두고 다시 다른 회사로 들어가는 것은 내가 말하는 퇴사가 아니다.

나는 퇴사를 새로운 영역에서 도전하기 위한 전환의 과정으로 정의하고자 한다. 다시 말해 우리가 준비하는 것의 목적어는 새로운 인생이다.

남의 인생이 아니라 자기 인생을 살기로 결심하는 순간, 퇴사는 준비가 된다.

바다로 가기 위해서는 뭍에서 나와야 한다. 그리고 바닷물에 발을 적셔야 한다.

내 삶의 진정한 변화를 위해서도 그렇다. 남의 삶이라는 곳에서 빠져나와야 한다. 그러므로 역설적이게도, 내 사업을 위해 가장 먼저 준비해야 할 것은 퇴사이다.

퇴사는 준비하는 것이 아니다. 퇴사가 새로운 인생을 준비하는 리스트 중 하나이다. 그제서야 사람들의 눈에 씌인 콩깎지가 벗겨지고, 뿌연 먼지가 바닥으로 가라 앉는다. 보이지 않던 것들이 보이기 시작한다.

"그걸 꼭 나가봐야 아나요, 지금 자신의 자리에서도 알 수 있지 않을까요."

그건 얄팍한 생각이다. 역사의 많은 멘토들이 그렇게 말했다. 구도자들은 왜 출가를 했는가. 부처는 왜 왕가 안에서 깨달음을 얻지 못했나. 예수는 왜 광야로 나가야 했는가. 우리가 성인이 되려고 하는 것은 아니더라도, 영혼의 갈증을 채우는 과정은 구도자의 고행과 무척 닮았다는 것을 시인하지 않을 수 없다.

나는 몇 번이나 이런 경험을 했다.

직장인 마인드, 즉 시키는 일을 하려는 물을 빼지 않고서는 내 인생을 온전히 보기가 어렵다. 그러므로 만약 퇴사를 위해 준비해야 할 것이 있다면 다시 직장으로 돌아가지 않을 정도의 "생존자금"이다. 일 년치 생존자금, 혹은 구도 자금 외에 무얼 더 준비한단 말인가.

중요한 것은 자기가 어디로 가야할지를 아는 것이다.

가장 먼저 시작한 일

내가 **자유인**이 되고 나서 어떤 고민을 겪었는지 순서대로 이야기해보려 한다.

앞서 이야기한 다락방, 허기진 영혼 그리고 방황에 대해 고민하는 사람이라면 들어볼 만할 것이다. "심리적으로 이룰 것 다 이뤄서 변화의 불씨가 꺼진 사람"이 아직 아니라면 내가 이제부터 말하는 일의 순서는 물론이고 실수와 고민에서 희망을 발견할 수 있을 것이다.

1

퇴사한 시점의 나를 되돌아 보면 조금 당황스럽다. 보통은 다음 행보를 생각하기 위해 여행을 가거나 지인들을 만나며 여러 가지 방향성을 탐구한다. 나 역시 첫 번째 퇴사에서는 그랬고, 퇴사한 주변 사람들은 대부분 그런 절차를 밟았기 때문이다.

나는 기억한다. 퇴사한 다음 날 나는 곧바로 고시원 방을 얻었다. 그리고 틀어박혀 글을 쓰기 시작했다. "이제 다시 자유다."라고 외친 후 휴가를 갔어도 좋았을 것이다. 하지만 그러지 않았다. "이제부터는 무엇을 해야 하나." 라며 한숨을 쉬지도 않았다.

한 치의 망설임도 없었다. 마치 아주 오래 전부터 계획했던 일처럼 말이다. 나는 내가 무얼 해야할지 알고 있었고, 이제는 정말 그 때가 되었다고 생각했다.

내가 쓰기 시작한 것은 소설이 아니었다. 소설을 써서 독자를 얻는 것은 지금도 갖고 있는 내 꿈이다. 하지만 이미 하와이에서 한 번 배운 뒤였다. 당장은 아니었다. 소설을 쓰는 것은 때를 조금 뒤로 미루고, 나는 "마작가"라는 사람이 되기 위한 준비에 들어가고 있었다. 물론 그때 내가 마작가가 될 거라고는 예상하지 못했다.

무엇을 쓸지 알고 글을 쓴 게 아니라, 쓰다 보니 무엇을 쓸지 알게 되었다. 그렇게 말하는 것이 더 솔직할 것이다. 지금 우리 모두의 모습이 자신이 계획한 결과가 아닌 것처럼.

2

방황, 괴로움 그리고 결국 퇴사.

하지만 다시 들어가야 했던 직장. 그러면 또 시작되는 방황과 괴로움. 그리고 또 다시 꿈꾸는 자유와 독립.

이런 패턴을 반복하면서 내가 깨달은 것이 있다.

나라는 사람의 기질이 돈이 되어야 한다. 지금 당장은 아니더라도, 그런 방향으로 나를 재발견해야 한다 (Reinvent).

나 자신을 찾으라고 아무리 말해도, 그것이 밥벌이로 이어지지 않는다면 소용이 없다. '네 인생을 살라.'는 말은 현실에서 내 사업으로 이어져야만 했다. 내 기질이 상업화되지 않으면 오래 버틸 수 없다는 것을 깨달은 것이다.

만약 내가 하와이에서 단편 소설을 쓰지 않고, 조금 더 말랑말랑해서 사람들과 소통할 수 있는 길을 시도했더라면 어땠을까. 10여 년 전 내가 했던 공상 중에 이런 게 있다. 수많은 사람들을 인터뷰해서 그 중에 다른 사람들에게 지식으로 또는 공감과 위로로 도움을 줄 수 있는 이야기를 발굴하는 것이다. 실제로 퇴사 전후로 두 세명을 영상으로 인터뷰하기도 했다. 이것을 조금 더 체계적으로 했다면 나는 어마어마한 유튜브 채널이 되었을 수도 있다. 혹은 그 이야기 자체로 특수한 콘텐츠가 되었을 거라고 생각한다. 하지만 나는 하와이로 가는 순간 이런 계획이 현실적이지 않다고 생각했다. 그리고 더 현실적이지 않은 단편 소설을 썼다. 그 때는 이야기를 만드는 것과 돈을 버는 것이 이어질 수 없다고 생각했다. 취업, 방황, 괴로움 그리고 퇴사. 이런 악순환의 근원은 내 생각이었던 것이다. 내가 꿈꿔왔던 일로 생계를 유지할 수 있다면 이 악순환의 패턴을 끊을 수 있었다.

나는 생계를 위해 남의 삶을 사는 것을 당연하다고 생각했다. 내 일이라고 생각하는 글쓰기는 자본주의와 궁합이 안 맞는다고 여겼다. 왜 그렇게 좁은 시야를 가졌는지는 모르겠다. 비싼 수업료를 지불했지만 나는 과거에서 한 단계 앞으로 나아가고 있었다.

생계를 유지하는 방법엔 여러 가지가 있을 것이다. 그 중 하나는 남의 일을 하면서 임금을 받는 것이다. 하지만 똑같이 일을 할 거라면, 내 일을 하면서 돈을 벌면 되지 않는가. 내 기질이 환영받을 수 있는 곳을 발견하고 나를 거기에 갖다 놓으면 될 일이다.

생계와 내 인생을 다시 정의하는 순간이었다.

스스로에게 물어보자. 그것이 무엇이든 간에 생계를 책임지면 내 일인가. 아니면 내가 하고싶은 일과 생계는 별개인가. 그것도 아니라면 내가 하고싶은 일이 생계를 책임지는 것이 옳은가. 생각할 필요도 없이, 내 기질을 발휘할 수 있고 내 사명을 달성할 수 있는 일을 하고 그것으로 생계를 꾸릴 때에 인생은 진짜 자기 것이 된다.

내가 어떤 글을 쓰기 시작했을지 조금은 상상이 될 것이다. 나는 단편 소설을 쓰지 않았다. 소통하는 글을 쓰고 싶었다. 도움을 주는 "콘텐츠"를 써야겠다고 생각했다. 나는 독자들을 모으고 그들에게 도움을 주면서도, 그 과정에서 생계를 꾸려볼 생각이었다. 그리고 내가 성공적으로 "경제"에 안착하는 모습을 열심히 기록할 계획도 갖고 있었다. 어디선가 나처럼 방황하지만 생계라는 짧은 끈에 묶여 다락방으로 올라가지 못하는 사람들을 위해서 말이다.

3

몇 일간 고시원 방에서 이런 저런 생각들을 쏟아냈다. 그리고 이런 생각을 하게 됐다.

내 기질을 상업화하자.

이것이 내 지상 목표였다. 내 사업을 일으키자. 나라는 사람의 기질이 가장 핵심이 되는 사업을 하자.

그 동안 똑같은 패턴으로 실패할 수밖에 없었던 이유는 내 편협한 관점 때문이었다. 나는 글쓰기라는 행위에 너무 몰두한 나머지 다른 길로의 타협을 거부한 셈이었다.

그렇다고 상업적으로 내가 할 일을 정확히 알고 있었던 것은 아니다. 다만 나는 콘텐츠를 만드는 사람이 되고 싶었다. 콘텐츠를 제공하는 사람이 되면 더 많은 상업적 기회가 찾아올 것이라고 생각했다.

글을 쓰는 내 사명과 콘텐츠를 만드는 것은 결국 같은 이야기였다. 그 때는 이런 생각을 못했다. 지금은 너무도 당연한 사실이다.

아마도 다양한 미디어의 발달 때문일 것이다.

모든 사람들이 이런저런 이유로 자기만의 미디어 채널을 하나씩 갖게 될 거라고 나는 확신한다. 그렇게 되면 개인 미디어에서 자신의 콘텐츠를 독특하고 유용하게 가꿀 줄 아는 사람은 브랜드로 발전할 것이다. 모든 브랜드의 시작이 그러했다.

이런 방식으로 내 글쓰기에 대한 사명은 미디어를 통한 퍼스널 브랜드로 넓혀졌다.

내가 하려는 일은 유용한 콘텐츠를 만드는 것이었다. 그 콘텐츠를 통해 사람들에게 도움을 주고 싶었다. 그 과정에서 나를 알릴 생각이었다. 그 다음부터는 알아서 굴러갈 터였다.

나는 여기까지는 알고 있었다. "알아서 굴러간다"는 것에 대해 단순한 지식 이상의 강한 신념을 갖고 있었다. 이런 예시는 심심찮게 찾아볼 수 있다. 유튜브 구독자는 곧 광고수익이며, 블로그 유입수 역시 광고수익으로 이어진다. 한 분야의 인플루언서가 되면 그 분야의 제품이나 브랜드를 권유하는 것만으로 수익을 창출할 수 있으며, 더 나아가 자신의 그 분야의 경험을 담은 상품이나 서비스를 직접 판매하고 브랜드를 개발할 수 있다. 인플루언서로써 경험과 노하우를 컨설팅하거나 코칭하는 것은 물론이요 강연 기회도 펼쳐진다.

도움을 주고 나를 알리면 된다. 그러면서 나를 지지하는 사람들을 모으면 된다. 그 다음부터는 굴러간다. 내가 십 수년 간 해온 일이어서 나는 잘 알고 있었다.

4

앤디 워홀이 한 말은 아니지만 그의 어록 중엔 이런 말이 있다.

"유명해져라. 그러면 똥을 싸도 사람들이 박수를 보낼 것이다."

여기서 핵심은 똥이 아니다. 유명지는 것이다. 인지도는 모든 브랜드의 핵심 지표이다. 인지도가 높을수록 더 좋은 브랜드라는 말은 아니다. 하지만 좋은 브랜드는 필연적으로 어느 정도의 인지도를 갖게 되어 있다. 또 어느 정도의 인지도가 있다면 소비자는 그 브랜드를 꽤 괜찮은 브랜드라고 생각하게 되어 있다. 왜냐면 인간의 뇌는 태초부터 "더 많이 본 것"을 더 안전하다고 느끼도록 진화해왔기 때문이다. 특히 앞서 이야기한 욕망의 집 1층에 있는 "믿을 만한 품질"은 대부분이 인지도에서 온다. 가속화되는 디지털 세상에서는 더더욱 그렇다. 실제 상품을 만져볼 수 없기 때문에 판단의 근거는 인지도와 입소문일 수밖에 없다.

이것이 내가 10년 넘게 브랜드 전략을 세우고 캠페인을 실행하면서 알게 된 것이다.

내게도 인지도가 상당히 중요했다. 나는 오바하기 싫어하기 때문에 내 성향에 맞는 방식을 찾아야 했다. 관여도가 낮은 대중들에게 내 이름을 단시간에 알리는 방식보다는, 정통 브랜드 빌딩 (Brand Building) 방식을 따르기로 했다. 내 이야기에 진심으로 공감할 수 있는 소수의 독자를 모으고, 그 집단을 탄탄하게 다지면서 천천히 규모를 늘리는 것이었다.

그렇게 해서 내가 가고자 하는 방향이 완성되었다.

내게 성공이란 무엇인가? 악순환의 고리를 끊고 진짜 내 인생을 시작하려는 목표는 무엇인가.

독자들에게 나만이 줄 수 있는 콘텐츠를 제공하면서 동시에 **밥벌이**를 하는 것이었다. 그렇게만 된다면 나는 세상에서 몇 안 되는 운 좋은 사람, 자유로운 사람이 될 것이다. 그리고 가능하다면 나같은 사람을 더 많이 양성함으로써 이 세상에 존재하는 최대 다수의 최대 행복에 기여하고 싶었다.

계속된 내 목마름을 채워주는 것도 잊지 않았다. 기질에 맞는 좋아하는 일을 하는 것. 사람들에게 도움을 주면서 함께 공감하는 것. 이 모든 과정을 통해 내 삶의 의미를 완성할 수 있다고 생각했다.

이 모든 것에는 시간이 필요했다. 첫단추가 필요했다. 나라는 브랜드를 세우는 첫 단계가 아주 중요했다.

5

상업적 브랜드의 효용성은 이것이다.

어떤 브랜드가 불특정 다수에게 노출된다. 타깃 소비자가 한눈에 "저건 나를 위한 거야."라고 반응했다면, 그것은 훌륭한 브랜드다. 이 말을 뒤집어 보면 훌륭한 브랜드는 모든 사람을 만족시키려는 노력을 애초에 시도하지 않는다는 말이다. 브랜드는 필연적으로 누군가의 마음에 들어야 하며, 따라서 누군가에겐 비호

감의 대상일 수밖에 없다.

그 질문을 나 스스로에게 던져 보았다.

"그렇다면 나라는 브랜드가 주는 콘텐츠는 다른 사람들과 무엇이 다르고 그래서 어떤 나만의 가치를 줄 수 있는가? "

답이 없었다.

"어느 직장 출신 누구누구입니다."로는 내 편을 끌어모으기 어렵다고 생각했다. 나 같아도 그럴 것이다. 직장인들이 쓴 '남의 밑에서 어떻게 하면 더 잘 살아남는가.' 같은 책을 보면 속이 울렁거리는 것만 같았다. 거기에 질려서 나오지 않았나.

내가 만드는 콘텐츠에 진솔하기 위해서라도 나는 직장인에서 최대한 멀어져야 했다.

희미하게 한 가지 생각은 갖고 있었다. 책을 내야 한다는 것이다. 나는 콘텐츠를 제공하는 사람이 되고 싶었고, 출판이 큰 도움을 줄 거라고 확신했다. 전략적으로 내가 취할 수 있는 아주 현명한 행동 중 하나였다.

이는 전략 모델 중 하버드비즈니스리뷰와 맥킨지 연구소가 공동 발표한 '실행의 포트폴리오' (A Portfolio Of Actions) 에도 나와있다. 전략적 포트폴리오에는 세 가지 방법이 있다. 한 가지에 거의 모든 것을 걸어야 하는 '빅 배트' (Big Bets), 여러 가지 시나리오 중 될 만한 것들을 선별해 검토하며 진행하는 '옵션'

(Options) 그리고 미래가 불확실한 상황에서 어떤 결과가 나오든 간에 이득이 되는 '후회없는 선택'이 (No-regrets Moves) 그것이다. 책은 내게 후회없는 선택 중 하나였다. 후에 언급하겠지만 책을 내는 것은 대부분의 사람들에게, 특히 방황하는 사람들에게는 후회없는 선택이다.

책을 내면 어떤 이득을 얻을까. 직관적으로 예상할 수 있었다. 사람들에게 콘텐츠를 전달할 때에 어느 직장인 출신보다는 "어느 책의 저자 누구누구"가 훨씬 더 강력할 것이다. 책이 아무리 보잘것 없어도 작가의 후광 효과는 여전히 막강하다. 어느 분야에서 전문가라는 사람치고 책 없는 사람은 못 봤다. 거꾸로 한 분야에 대해 책을 내면 즉시 그의 지위는 전문가로 격상된다.

이것 역시 브랜드 전략 과정에서 터득한 것이다. 이른바 '어부바 효과' (Piggybacking) 이다. 어부바 하듯이 업혀서 자연스럽게 따라 간다는 뜻이다. 무엇에 업혀가는가? "작가는 훌륭하다."는 사람들의 인식에 업혀간다. 사람들이 이미 갖고 있는 고정관념이나 인식은 깨뜨리기 힘들다. 우리는 책을 낸 사람을 존경하며 특별하게 바라본다. 책을 내면 사람들의 인식에 업히면서, 그 즉시 작가라는 특수한 지위를 얻게 된다. 이런 이유로 나는 책이 퍼스널 브랜딩의 첫 관문이라고 굳게 믿는다. 거기엔 합리적인 이유를 갖다 댈 필요가 없다. 사람들이 이미 그렇게 믿고 있기 때문이다.

소비자를 상대하는 분야라면 "인식"은 절대적인 기준이 된다. 사람들이 믿는 게 곧 진리가 된다. 그런 이유다. 책을 내면 전문가가 된다. 쓰기 위해 공부하다 보면 실제로 전문가가 된다. 출판을 하게 되면 어떤가. 그 순간 사람들에 의해 전문가, 또는 작가가 된다.

책을 쓰는 것에는 의심이 없었다. 하지만 쉽지 않은 질문이 남아 있었다.

무엇에 대해 쓸 것인가.

적어도 소설은 아니었다. 소설을 완성하는 데에 많은 시간이 필요했다. 밥벌이가 되어야 한다는 원칙을 지키고 싶었다. 전혀 새로운 콘텐츠를 발굴하기보다는, 이미 내가 갖고 있는 것에서 출발하기로 했다.

기획없이 당장 시작할 수 있는 것은 많지 않았다. 결론은 하나였다. 브랜드 전략가라는 내 독특한 경험이었다. 프로모션이나 상품을 판매하는 영역을 포함하면서도 펀더멘탈한 브랜드 전략과 멘토링 경험까지 있는 글로벌 기업 출신 브랜드 전략가. 내가 말할 수 있는 가장 탄탄한 사실이었다. 어느 정도 소구할 만하다고 생각했다.

처음엔 전략에 대해 쓰기 시작했다. 몇 주가 지나고 나니 자신감이 없어졌다. 단순한 전략 이야기는 아무도 관심을 가지지 않을 거라고 생각했다. 전략은 아주 작은 시장이다. 수요가 적다. 전략을 어느 정도 아는 사람들은 다소 오만한 경우가 많아서 웬만해서는 책을 찾지도 않는다. 나는 방향을 조금 틀었다. 멘토링하는 방식을 빌어 전략을 조금 말랑말랑하게 풀어 쓰기로 했다. 어떻게 하면 전략적인 생각을, 그것도 쉽게 일상에서 적용할 수 있는가. 이것이 주제였다. 솔직히 말하면 매일 쓰면서도 내가 무슨 말을 하려는지 정확히 알지 못했다. 이게 맞는 주제인지, 내가 쓰는 것들이 이런 주제를 뒷받침하는 것인지...

그럼에도 불구하고 나는 계속 썼다. 고시원에서 하루에 약 1,000 단어씩 써나갔다.

〈전략적인 사람은 무엇이 다른가〉. 이게 책의 임시 제목이었다. 고리타분하다는 것은 알고 있었다. 하지만 별다른 방법이 없었다. 아침에 고시원에 가서 1,000 단어를 쓸 때까지 밖으로 나오지 않았다. 하루에도 몇 번씩 의심이 들었다. 그래도 쓰는 것을 멈추지는 않았다. 그게 내가 할 수 있는 가장 첫 번째 임무였기 때문이다.

돌이켜 보면 답답한 시간이었다. 미리 어떻게 할지 정해놓고 움직인 게 아니었다. 일단 책을 쓰면서 계획을 세워나갔다. 이상하게 들리겠지만 책을 쓰자고 계획할 때부터 나는 책을 쓰고 있었다. 시간을 효율적으로 쓰고 싶었기 때문이다. 시간에 대한 제약을 생각해야만 했다. 잘못하면 하와이에서 보낸 시간처럼 흘러가버릴 것 같았다. 이번엔 그렇게 하고 싶지 않았다. 다시 돌아가고 싶지 않았기 때문이다.

시간이 많지 않다면 나는 무엇부터 해야할까. 나는 무조건 해야만 하는 한두 가지에 집중하기로 했다. 진짜 변화를 만들 수 있는, 이 하나를 풀면 나머지도 풀리는 그런 중요한 과업에 집중하고 싶었다. 80:20의 법칙처럼, 작은 일이지만 큰 변화를 만드는 중요한 일에 집중하고 싶었다.

이미 책은 쓰고 있었다. 하지만 책을 쓰는 동안 아무것도 하지 않는 것은 뭔가 전략적이지 못하다고 생각했다. <내 젊은 날에 보내는 비밀 레시피>에서 말한 것처럼, 전략적으로 움직이기 위해서는 미리 계획을 (Plan) 해야했다. 그 계획은 논리적이어야 (Logical) 했다. 바로 앞만 보는 게 아니라 맥락을 꿰뚫는 통찰력을(Insight) 가져야 했다. 그 내용과 방식이 창의적이어야 (Creative) 했다.

미래의 시점에서 생각하려고 애썼다. 당시에 내 머리를 들여다 본다면 정리되지 않은 두 평짜리 지하 자취방처럼 어지럽고 산만했을 것이다.

시간을 아끼고 싶었고, 지금 당장 조금씩 땅을 일구고 씨앗을 뿌리는 작업을 시작하고 싶었다. 한 달쯤 지났을 때에 결론을 내렸다. 블로그가 정답이었다. 나라는 사람이 있다는 것을 조금씩 세상에 알리고 싶었다. 글을 쓰는 사람에게 그 이상 적합한 미디어는 없었다. 그렇게 해서 나는 하루 종일 책을 쓰고, 자투리 시간에는 블로그를 썼다.

이번이 마지막 기회라고 생각했다. 이제 다시는 불편하고 의미없는 곳으로 돌아가지 않으리라 마음먹었다. 독자인 따뜻한 오지라퍼님은 이런 사연을 듣고 '절벽에서 뛰어내리는 심정'이라고 표현했다.

글을 쓴다고 해서 늘 기뻤냐면 그렇지는 않았다. 의심과 초조함이 늘 함께 했다. 마음 속에서 야유를 보내는 부정적인 녀석들과 싸우는 것은 글쓰기만큼 어려웠다. 감정적인 힘이 많이 소요되었다. 내가 비축한 감정의 힘은 수위가 낮아지고 있었다. 통장잔고도 점점 줄어들고 있었다.

나는 내가 아니었다

1

   초고를 거의 탈고해 갈 무렵이었다. 나는 깨달았다. 적어도 세 번은 고쳐써야겠구나. 달력으로 셈을 해보니 4월이나 5월은 될 것 같았다.

   시간은 흘러가고 있었지만 나는 아무런 결과도 내놓지 못한 상태였다. 책만 쓰고 있는 것이 불안했다. 가장 두려운 것은 이렇게 글만 쓰다가 다시 지옥 같은 곳으로 돌아가는 것이었다.

2

   집필과 관련해 자료를 찾다가 눈에 띄는 기사를 발견했다. 〈신년에 직장상사와 이야기하면 좋은 것들〉이라는 제목으로, 직장 상사와 프로젝트를 관리하면 더 좋은 커리어를 쌓을 수 있다는 내용이었다. 책에 직접 적용할 만한 내용은 아니었지만 발상이 흥미로웠다. 나중에 써먹어야겠다는 생각에 짤막하게 요약해 두었다. 언젠가 적당한 기회가 오면 도움이 될 거라는 막연한 생각이었다. 여기서 말하는 사람들이란 직장인이었다. 곧 구정이었기 때문에 직장인들이 신년 계획을 세우는 시기와 맞아떨어졌다. 이 때까지는 직장인들이 내 타깃이라고 생각했다. "직장인이 아니고서야 누가 내 이야기를 들어줄까." 이게 내 생각이었다.

3

고백컨대 그 시절 내 전략은 총체적인 난관을 겪고 있었다. 전략에 대한 책을 쓰고 있으면서 내 전략은 텅 빈 깡통과 같았다.

특히 타기팅이 그랬다. 일류 전략과 삼류 전략을 구분짓는 것은 타기팅이다. 전략에서 타기팅이 얼마나 중요한지, 나는 누구보다 잘 알고 있었다. 수없이 많은 마케팅 전략을 세우고 검증하면서 이 사실을 몸소 깨달았기 때문이다. 그런데 내 전략은 타기팅이 없었다. 타기팅 전략의 부재는 전략가라는 자부심을 갖고 있던 내 자신에게 무척 창피하고 당혹스러운 일이었다.

타기팅 전략이 얼마나 중요한지 교육 때마다 침 튀기며 말해 놓고. 이 플랜의 타겟이 명확하지 않다며 팀원들에게 꼬집듯이 말해놓고. 책에서는 논리적이고 전략적이고 창의적인 통찰력을 가져야 한다고 말해놓고, 정작 내 타깃은 누구인지 몰랐다.

3

나는 시골에 터를 잡고 반쪽짜리 숲속생활을 하고 있었다. 직장에서 자유로웠기 때문에 아이들이 학교에 가지 않을 때는 강원도에서 생활했다. 고시원에서 글을 쓰거나 숲속에서 글을 쓰는 일이 내 일상의 핵심이었다.

대설 주의보가 발령된 어느 날 나는 계곡물 위로 눈발이 휘날리는 것을 멍하니 바라보고 있었다. 구정을 앞둔 어느 날 아침이었다.

멋있다. 다른 사람들에게 자랑할 만큼 멋있다.

이런 생각을 하자마자 곧 "찍어야겠다"라는 결심이 섰다. 뭔가를 해야 한다는 평소의 생각, 그리고 내 타깃을 발굴해야 한다는 스트레스 때문이었던 것 같다. 찍어야겠다는 결심이 서자 마음이 급해졌다. 눈이 멈추기 전에 재빨리 움직여야 했다.

눈발이 휘날리는 계곡물을 배경으로 유튜브를 찍자. 신년에 직장상사에게 예쁨받을 수 있다고 직장인들에게 말을 건네보자.

셀카봉을 바닥에 세우고 스마트폰으로 동영상을 찍었다.

"여러분, 제가 직장을 오래 다녀보고 관리자까지 해봐서 압니다. 이렇게 하면 신년에 직장상사한테 예쁨 받을 수 있어요."

이게 내 첫 유튜브 영상이다.

계획하지 않았다. 정말로 충동적이었다. 스크립트는 없었지만 큰 어려움 없이 촬영을 끝낼 수 있었다. 나중에 써먹으려고 정리한 덕분에 내용을 이미 꿰고 있었던 것이다. 우연은 이렇게 준비되었다.

4

당시 유튜브에 대한 내 생각은 단순했다. 나라는 브랜드의 성공을 길게 보고, 유튜브로 내 포트폴리오를 풍부하게 만드는 것이었다.

책을 내는 것만으로는 뭔가 부족했다. 겨우 첫 상업 출판이었다. 〈육림공원 원숭이〉를 출판했지만 상업 출판으로 보기는 힘들다.

책 하나로 모든 것이 바뀌리라고 생각하지 않았다. 문제는 시간이었다. 시간이 가고 있었다. 출판 이후에 뭔가를 시작할 거라면 왜 기다리는가, 이런 생각이 들었다. 미리 씨를 뿌릴 수 있다면 시간을 절약할 수 있다고 믿었다. 한 번에 하나씩 차근차근 하는 것도 중요하지만, 전략가로써 조금은 영리할 필요가 있었다.

브랜드 전략의 핵심 중 하나는 타깃들과의 얼마나 넓게 그리고 깊게 연결되느냐이다. 깊게 연결되기 위해서는 우선 넓게 노출되는 것이 첫 번째 과제였다. 지표 같은 것이 있다면 나라는 퍼스널 브랜드는 0이었다. 나는 아무에게도 노출되지 않고 있었고, 따라서 누군가와 깊게 연결될 가능성도 전혀 없었다. 미디어의 도움이 필수였다. 미디어가 풍부할수록 책에도 도움을 줄 것이었다.

미디어와 책의 도움으로 나라는 브랜드가 성장한다면 그것은 곧 내 꿈에 다가가는 일이었다. 내가 좋아하는 일을 하며 밥벌이를 하고, 그 과정에서 사람들에게 도움을 준다는 뜻이었다.

"유튜브를 미리 시작하면 어떻게든 도움이 될 것이다."

그렇게 막연하게 시작했다. 게다가 유튜브는 본격적으로 폭발적인 성장을 하고 있었다. 사람들이 유튜브에 몰리고 있었다. 광고로 억 단위의 수익을 얻는 사례가 연일 뉴스에서 보도되었다.

실무 전략가로써 유튜브의 지배력을 수 년 전부터 감지하고 있었다. 마케팅 시장에서 디지털 미디어에 대한 광고비가 TV를 앞서기 시작했으며, 마케터들도 디지털에서의 소비자 참여도가 TV보다 훨씬 높다는 것을 체감하기 시작했다. 실무를 배웠던 어느 영국계 회사는 글로벌 전략본부를 통해 이렇게 선포했다. "유튜브에 대한 광고계획이 없다면 마케팅 플랜을 승인하지 않겠다." 아마 2012년 전후였을 것이다. 유튜브가 뭐냐고 묻던 시절이다. 그 시절부터 유튜브에 관심을 갖고 지켜보았다. 유튜브가 단순한 미디어를 넘어 우리의 일상이 될 거라고 생각했다. 아니나 다를까 예상했던 일은 점점 현실이 되고 있었다.

따라서 유튜브를 시작하는 것은 푼돈으로 적금을 붓는 마음이었다. 인지하지 못하는 사이 든든한 종자돈이 되어 있길 바라는 심정이었다.

영상을 일주일에 1개 또는 2개씩 올렸다. 주로 직장인을 대상으로 말했다. 주제는 "커리어", "직장생활", "일 잘하기" 같은 것들이었다. 왜 그런 주제였는지 묻는다면 대답할 자신이 없다. 그것이 내가 당장 할 수 있는 이야기라고 생각했을 뿐이다. 그 이면에는 약간의 자괴감도 있었다. 다른 주제에 대해 말한다고 해서 누가 내 이야기에 귀 기울일까, 이런 생각이었다. 내가 이룬 것이라고는 외국계 회사에서 디렉터급 팀장으로 이런저런 경험을 한 게 다였고, 그런 경험에 대해 관심을 가지는 사람이 있다면 결국 직장인이라고 생각했다. 쓰고 있던 책의 주제 역시 그랬다.

직장인이라는 주제에서 벗어난다는 것은 전혀 생각할 수 없었다. 나는 '말하기 싫은 주제를 말할 수밖에 없는 딜레마'에 빠져 있었다. 내가 싫어서 도망쳐나온 분야, 정이 떨어져서 버리고 나온 것들에 대해 말하고 있었다.

내가 처음 올렸던 영상 열 개도 직장 그리고 직장인에 대한 것이었다.

첫 영상 〈신년에 보스에게 예쁨받는 법〉은 직장인이 신년에 해보면 좋을 만한 커리어 관리법에 대해 이야기했다. 프로젝트를 더 명확하게 하고 보스와 커리어에 대한 이야기를 꺼냄으로써 직장에서 더 성공적인 경력을 계발하는 방법이었다. 〈어디에도 만족 못하고 직장을 전전했다면〉은 직장인의 커리어에 대한 영상이다. 오랜 시간 앉아서 일하는 직장인의 모습은 고정관념이다. 세상엔 하나의 일로는 성이 안 차는 다능인들이 있다[1]. 산만함을 즐기는 외향적인 사람들도 있다. 이렇듯 커리어의 방향을 재점검할 수 있는 잘 알려진 해결 방법에 대해 이야기했다. 〈현대 그랜저 마케팅이 실패인 이유〉는 브랜드 마케팅의 주요 개념인 연관성을 (Relevance) 통해 한 자동차 브랜드의 광고 캠페인이 왜 실패일 수밖에 없는지 이야기했다. 광고를 좋아하는 사람이나 자동차를 좋아하는 사람들이 공감할 거라고 생각했다. 〈나는 독립할 준비가 되어 있는 것일까〉는 잘 쓰여진 기사를 바탕으로, 직장인이 프리랜서로 전환하는 과정에서 마주치게 되는 고민에 대해 이야기했다. 〈하버드에서 말하는 워라벨 체크 방법〉는 워라벨에 (Work and Life Balance) 대해 이야기했다. 직장인들이라면 워라벨에 관심이 많으니 이 역시 공감을 얻을 거라고 생각했다. 〈앵무새처럼 외워가도 면접에 떨어지는 이유〉는 100번이 넘게 면접관으로 면접을 본 내 생각을 말했다. 이 영상을 찍으면서 대박이 날 줄 알았다. 면접을 준비하는 사람이라면 이런 팁들이 궁금하기도 하고, 내가 면접관만 100번 넘게 했다는 사실을 강조했기 때문이다. 하지만 이 영상은 여러 면에서 대실패였다[2]. 〈삶과 직장을 분리하는 8가지 방법〉은 하버드 기사에서 착안해 보다 더 적극적으로 워라벨을 달성하는 방법에 대해 이야기했다. 〈까칠할수록 성공한다. 사회에서 친절하면 안 되는 이유〉는 성격이 원만한 사람보다 까칠한 사람이 성공한다는 것을 꼬집었다. 〈대세 마케팅 전략: 인플루언서 마케팅〉은 뭔가 한 방이 필요하다는 생각에서 만든 영상이다. 내가 알고 있는 타기팅 지식의 상당수를 펼쳐 보였다. 이것 역시 만들면서 대박이라는 생각을 했다. 결론은 그렇지 않았다. 〈제 숲속생활 보고 힐링하세요〉는 사람들

1) 작가워크샵을 통해 알게된 따뜻한 오지라퍼님 덕분에 이 개념을 접할 수 있었다. 자신을 방황하는 다능인의 증거로 생각하는 따뜻한 오지라퍼님의 건승을 기원한다. 강사이자 모티베이터인 이 분의 이야기는 블로그를 통해 접할 수 있다.

2) 후에 나오지만 이들은 애초에 내 타겟이 아니었다. 영상 편집 면에서 그들의 기호에 맞지 않았던 것이다. 실제 면접을 준비하는 사람들로부터 단 하나의 댓글도 받지 못했다. 나는 여전히 내가 했던 조언들이 아주 도움이 될 거라고 생각한다. 어쩌면 10년 후에 역주행으로 회자될지 모르겠다.

이 관심을 가질 만한 소재를 찾다가 나온 영상이다. 내가 지내는 숲속 여기저기를 찍었다.

여기까지가 처음 올렸던 10개의 영상이다. 영상을 찍을 때마다 왠지 이번엔 대박이 날 것 같다는 생각을 했다. 하지만 어느 것도 그러지 못했다. 나는 허공에 대고 소리치는 사람이었다.

5

세 달 동안 찍은 영상 10개에 대한 조회수는 다 합해서 500이 나오지 않았던 것 같다. 인신공격성 악성 댓글 말고는 반응이 전혀 없었다. 영상 10를 만들기 위해서는 꽤 많은 시간과 정성이 들어간다. 기운이 빠지기 시작했다.

가장 큰 적은 내 안에 있었다. 영상을 찍을 때마다 성공할 것 같은 생각이 드는 것이었다. 그런 마음을 다스리지 않으면 어떻게 되는지 나는 잘 알고 있었다. 올해는 꼭 승진이 될 것 같은 기대감, 올해는 꼭 주식이 오를 거라는 기대감, 올해 크리스마스에서는 꼭 석방될 거라는 기대감이 종국엔 사람들을 파멸시키기 때문이다. 이 헛된 기대감에 대해서는 6부에서 다뤘다.

사람들의 반응이 궁금해서 직장인들을 대상으로 소액 광고를 태우기도 했다. 결과는 좋지 않았다. 광고로 유입된 시청자는 채

1분이 되지 않아 영상을 빠져나갔다. 그 중 일부는 구독자가 되어야 하는데 아무런 행동을 하지 않고 내 영상을 나가버리는 것이었다. 광고 결과가 말하는 바는 명확했다. 내 이야기는 흥미롭지 않았고, 도움을 주지 못했다. 내 채널이 매력적이지 않았다. 그렇기 때문에 구독 버튼을 누르지는 않은 것이다.

6

광고를 노출시킨 타깃은 직장인이었다. 직장인이 좋아하는 채널인 신사임당이나 슈카월드 같은 채널에 광고를 실었다. 여기서부터가 잘못이었다. 직장인의 관심사는 돈이나 재테크였다. 항상 그런 것은 아니지만 대부분 그렇다. 이른바 부자가 되는 방법이다. 하지만 나는 애초에 그런 주제에 관심이 없었다. 내가 쓰는 책도 그렇고, 내가 유튜브에서 하는 이야기도 마찬가지였다. 나는 직장인들이 귀기울이지 않는 이야기를 하고 있었다. 다르게 표현하면 내 이야기에 귀기울일 만한 사람들은 직장인이 아니었던 것이다. 큰 깨달음이었다.

지금 와서 생각해보면 나도 내 정체를 잘 모르고 있었다. 그게 솔직한 내 심정이었다. 내가 무슨 이야기를 하고 있는 건지 머릿속에서만 맴돌 뿐이었다. 내가 누군지를 잘 모르니 내가 누구한테 말해야 하는지도 알 수 없었다. 타기팅 전략이 없는 것은 아주 자연스러운 결과였다.

모든 것이 오리무중이었지만 나는 긍정적으로 생각하려고 노력했다. 긍정적으로 생각하지 않으면 더이상 물러설 곳이 없었기 때문이다.

내 이야기에 귀 기울여주는 사람이 있을 것이다.

나는 이렇게 생각했다. 어딘가에는 내 편이 반드시 있다. 그들을 찾아내지 못한 것 뿐이다.

냉정하게 현실을 바라보되, 미래에 대한 신념은 잃지 말자[1].

내가 이 스톡데일 패러독스를 〈내 젊은 날에 보내는 비밀 레시피〉에 쓴 것은, 독자들에게 전략적인 마음 가짐을 알려주기 위한 것이면서 동시에 그 당시 흔들리고 있던 내 자신을 다독이기 위해서였다. 당장은 안 될 수도 있다. 하지만 믿음을 갖고 참고 견디면, 그렇게 자신의 길을 가면 결국엔 반드시 이루어진다고 말하기 위해서였다.

숲속이나 고시원에서 책을 쓰고, 일주일에 한두 편씩 영상을 찍고 편집했다. 주말에는 조건을 바꿔가며 영상을 광고했다. 비록 만 원 정도의 소액 광고였지만 조건에 따른 결과를 테스트하기에는 충분했다. 반응없는 시간이 계속되었지만 나는 그만두더라도 유튜브를 1년은 해보자는 심정이었다.

어느 날 평소와 다른 형태가 나타났다. 〈어디에도 만족 못하고 직장을 전전했다면〉 영상이 앞으로 치고 나가기 시작한 것이다. 직장인이 적성에 안 맞는다면 다른 길도 있다는 것을 소개한 영상이다. 사람마다 적성과 기질이 다르니 자신의 길을 찾아가야 한다는 커리어 측면의 조언이었다. 영상을 본 사람들이 구독버튼을 누르기 시작했다. 구독자수가 처음으로 100명을 넘어가기 시작했다. 더 신기한 것은 댓글이었다. "마치 내 이야기를 하고 있는 것같다."는 댓글이 여러 개 달렸다. "이 영상에서 위로를 받고 간다."는 내용도 반복되었다. 영상은 광고를 멈춘 후에도 관성에 의해 계속 뻗어나갔다. 트래픽 소스에는 카카오톡이나 밴드가 보이기 시작했다. 영상을 본 사람들이 카카오톡이나 네이버 밴드 같은 소셜 미디어를 통해 내 영상을 다른 사람들에게 공유했다는 말이었다.

사람들이 어떤 부분에서 공감했는지 정확히 알고 싶었다. 나

---

1) 〈내 젊은 날에 보내는 비밀 레시피〉에서 소개한 스톡데일 페러독스 이야기이다. 포로수용소에서 가장 먼저 죽은 사람들은 늘 기대에 찬 사람들이었다. 기대와 절망이 반복되면 사람은 희망을 잃는다. 이는 역사적인 작가들이 하는 말이기도 하다. 뭔가를 쓸 때는 희망도 절망도 하지 말고 그냥 묵묵히 걸어가라고 한다. '존버'의 미학은 바로 기대하지 않고 묵묵히 자신의 길을 걸어가는 모습에서 나온다.

는 이 결과가 우연히 이루어진 게 아니길 바라는 마음에서 비슷한 영상을 하나 더 만들어 보기로 했다.

열 한 번째 영상이다. 앞의 영상을 따라 제목을 지었다. 〈여기저기 기웃거리는 분들께〉. 나는 이 영상에서 〈어디에도 만족 못하고 직장을 전전했다면〉의 핵심을 한번 더 반복하고, 대신에 구체적인 내 경험을 덧붙여 이야기했다. 이전 영상에서 커리어적인 부분을 강조했다면, 이번 영상은 내가 왜 직장을 그만두게 되었는지에 대해 말하고, 자신의 길을 찾아야 한다고 말했다. 거의 처음으로 내 목소리를 내본 것이다.

사람마다 자기 옷이 있다. 그러니 그것을 찾아 입어야 한다.

그 방법 중 하나로 자기의 과거를 통해 자신을 발견하는 방법에 대해 이야기했다. 반응이 있었다. 대박 영상은 아니었지만 예전의 냉랭한 반응과는 사뭇 달랐다.

그러나 이것이 어떤 뜻인지 나는 여전히 이해하지 못했다. 나는 순전히 내가 재밌을 것 같은 영상을 더 찍어 올렸다. 눈 내리는 3월의 영상이나, 인맥 관리를 하는 방법 따위의 것들이었다. 하지만 어떤 새로운 영상도 이른 바 "방황 시리즈"만큼 영향력을 보여주지는 못했다.

그 사이 두 개의 "방황 시리즈" 영상에는 댓글이 쌓여갔다. 자신이 살아온 이야기라며 긴 사연을 쓴 사람도 있었다. "내가 이 영상에 말하는 방황하는 유형이고, 이러한 유형의 산 증인입니다." 라며 편지지 두 장은 족히 채울 내용이었다. 지금까지 자신이 해온 고민을 한 번에 정리해줬다며 감사를 표시한 댓글도 있었다. 댓글은 계속 뻗어갔다. "자신이 너무 찾고 있던 내용이다." "마작가를 알게 된 것이 인생의 터닝 포인트가 될 것 같다."

이런 댓글에 처음에는 나도 어리둥절했다. 이것이 꿈인가 생시인가 했다. 그 다음엔 기쁨의 감정이 찾아왔다. 사람들이 내 이야기에 반응하다니. 기다리던 밀물이 들어 닥치는 것처럼 반가웠다. 내 이야기가 아주 헛되지는 않았다는 안도감이 느껴졌다. 이따금 몰려들었던 불안했던 마음도 조금 누그러졌다. 큰 기대를 한 것은 아니었지만 내 시간과 노력이 들어간 "창작물"이었기 때문이다.

돌이켜 보면 이런 댓글들은 뭔가를 가리키고 있었다. 그 당시에는 잘 알지 못했다. 책에 쓰고 있는 것도, 유튜브에서 말하고 있는 것도 여전히 명쾌하지 않았다. 그래도 멈추지 않았다는 게 다행이다. 나는 뿌연 가운데에서도 쓰고 말하고 그것을 올리는 일을 계속했다. 가장 잘한 일이다. 나는 희망도 절망도 없이 조금씩 나아가려고 노력했다.

유튜브를 멈추지 않고 계속 찍어 올린 것은 칭찬할 만한 일이다.

뉴턴이 말한 것처럼 움직이는 모든 것은 계속 움직이려는 속성이 있고, 가만히 있는 것은 계속 가만히 있으려는 속성이 있기 때문이다.

가만히 있다가 움직이는 그 순간이 어렵다. 그 순간이 마법을 부린다. 우리가 할 일은 마술이 일어날 수 있도록 조금씩 움직여 그 순간이 올 때까지 포기하지 않는 것이다.

유튜브는 마술처럼 작동하기 시작했다. 내가 모르던 것을 사람들은 보기 시작했다. 유튜브가 아니었다면 나는 그것을 볼 기회가 없었을 것이다. 나는 내가 아니었음을 몰랐을 것이다.

마작가의 탄생 - 블로그라는 마지막 퍼즐

1

내 답답함은 곧 풀릴 터였지만 그게 블로그라고는 생각하지 못했다.

퍼즐을 완성시킨 마지막 조각은 블로그였다. 블로그를 시작하지 않았다면 많은 것들이 지금과 달랐을 것이다.

〈내 젊은 날에 보내는 비밀 레시피〉는 전혀 다른 제목과 메시지로 출간되었을 것이다. 처음 생각한 대로 〈전략적인 사람은 무엇이 다른가〉로 출판됐을 확률이 높을 것 같다. 이 책에서는 직장인들이 어떻게 하면 일터에서 잘 살아남을 수 있는지를 말했을 것이다. 하지만 나는 직장에서 결국 살아남지 못한 사람이었다. 이 모순으로 인해 나 스스로 자랑스럽지 못했을 것이다.

유튜브에서도 나는 계속 직장에 대해 말하고 있었을 것이다.

이런 저런 직업적 조언을 하거나, 사람들이 별로 궁금해하지 않는 전략 분야에 대해 설명하고 있을 것이다. 내 영상은 직장인들에게 환영받지 못했을 것이다.

2

마케팅 전략에 대해 제 아무리 지지고 볶아도 나는 본질적인 원리는 다르지 않다고 생각한다. 학자와 전문가들이 새로운 말과 개념을 만들어내지만 사실은 교과서의 자기식 풀이 참고서에 지나지 않는다.

브랜드 전략의 주요 골자는 이렇게 요약할 수 있다.

내 가치는 무엇인가. 누구를 위해 존재하나. 나는 무엇이 다른가, 혹은 나만의 고유함은 무엇인가.

이를 조금 철학적으로 바꿔보면 인류 역사상 가장 오래 되었으면서도 가장 근본적인 질문이 된다.

나는 누구인가.

브랜드 전략은 인생의 본질을 살고자 했던 우리 멘토들의 생각을 닮았다. 이것은 우연이 아니다. 인간 이해에 대한 권위의 계보가 브랜드 전략까지 계승된 것은 숙명이다. 부족장이 제사장에게 넘긴 바톤은 교회에, 왕에게, 정부에 넘어갔다가 지금은 자본주의의 릴레이 주자인 마케팅 전략가가 이어 받았다. 왜 마케팅 전략가인가. 자본주의는 인간의 욕망을 먹고 살기 때문이다.

마케팅 전략가가 꿈꾸는 세상이 반드시 아름답다고 말할 수는 없다. 그들은 인간의 욕망을 하나씩 잘게 쪼갠 후 각각의 욕망에 맞는 상품과 서비스를 개발하길 꿈꾼다. 비록 건전하지 못한 의도이지만, 해부된 욕망의 지도 덕분에 우리는 인간의 욕망을 샅샅이 해부할 수 있게 되었다. 그 과정에서 우리는 자신이 누구인지 발견할 수 있는 힌트를 발견하게 된다.

하지만 욕망을 꺼내 보여준 대가로 우리가 얻게 된 진짜 보물은 따로 있다. 브랜드는 스스로 살아남기 위해 "가장 빛나는 자신만의 영역"을 찾아가는 과정을 거친다. 이 과정은 인간에게 적용해도 딱 들어맞는다. 혼돈에 빠진 한 개인이 자본주의에서 살아남기 위해 또는 삶의 의미를 발견하기 위해 걸어가야 하는 질문이다. 브랜드가 자신만의 자리를 찾아가는 것처럼, 이 질문들은 "내가 가장 빛날 수 있는 영역"으로 인간의 영혼을 안내한다.

내 가치는 무엇인가. 누구를 위해 존재하나. 나는 무엇이 다른가, 혹은 나만의 고유함은 무엇인가.

이 질문을 따라가면 우리는 어느 순간 다락방 앞에 서있을 것이다.

3

세상에는 나만 할 수 있는 이야기가 있다. 아무나 '복붙'할 수 있는 이야기와 다른, 고유하고 특별한 나만의 이야기가 있다. 이런 이야기로 인생을 채워간다면 누구나 자신을 발견하게 되는 희열의 순간이 온다.

백지의 인생을 채워가는 길에는 여러 방법이 있다. 내 경우엔 블로그가 큰 역할을 했다. 블로그를 자신만의 글로 채우다 보면 인생이라는 큰 폭의 길로 연결된다.

조금 더 일반화 하자면, 글은 자신만의 인생을 발견하게 되는 도구이다.

왜 그런가. 글의 속성 때문이다.

글은 나라는 사람의 생각을 그대로 꺼내어 종이위에 옮겨놓은 것과 같다. 말이나 표정은 그때그때 바꾸고 꾸밀 수 있지만 글은 상대적으로 그렇지 못하다.

불과 일 분 동안에도 우리 마음에는 수없이 많은 생각이 일어났다가 시든다. 그것들을 일일이 다 기록한다면 사람들이 자신을 발견하는 것은 대단한 일이 아닐 것이다. 생각이라는 작은 조각들을 유심히 살펴봄으로써 나라는 거대한 존재를 추측할 수 있기 때문이다. 먼 미래에는 우리의 생각과 감정의 변화를 기록할 수 있는 기술이 나올지도 모른다. 이 기록을 분석하는 전문가들이 생겨날 것이다. 기록 분석을 의뢰하면 내가 누구이며, 나만의 고유한 이야기는 무엇이며, 그것으로 어떤 사람들에게 공감을 얻으며 인생을 살아야 하는지 몇 가지 제안을 제공할 것이다.

이것은 미래의 이야기이다. 지금 여기서 우리가 할 수 있는 일은 따로 있다.

글을 쓰는 것이다. 누가 기록해주는 게 아니라, 나 스스로 기록하는 것이다. 내가 쓴 글을 다시 읽으면 마술 같은 일이 일어난다. 글을 썼던 나와 글을 읽는 내가 분리된다. 글을 읽고 있는 내가 글을 썼던 나를 분리한다. 그 결과 나를 남의 눈으로 볼 수 있다. 조금 수고스럽지만 미래에 우리가 받아 볼 답안지와 크게 다르지 않을 것이다. 내가 기록자이면서 동시에 분석 전문가이다.

특히 오래 전 일기를 읽어 본 적이 있다면 누구나 공감할 것이다.

인간은 자신의 생각을 냉철하게 보기가 힘들다. 태풍의 한 가운데에서는 태풍을 볼 수 없는 것과 같다. 태풍을 보려면 그 밖에 있어야만 한다.

내가 쓴 글은 하나의 증거이다. 증거를 읽어나가면 이런 일이 일어난다.

내 생각이 선명하게 보인다. 나라는 사람을 해석하려면 치욕

적이고 은밀하고 감동적인 암호들을 동원해야 한다. 그 암호는 오직 나만 알고 있다. 하지만 앞서 이야기한 것처럼 나를 해석하는 사람은 내가 아니다. '글을 쓴 나'와 '해석자로써의 나'는 글이라는 얇은 분리벽을 통해 서로 다른 존재가 되었기 때문이다. 나 자신을 다른 사람의 눈으로, 즉 객관적으로 해석할 수 있게 된 것이다.

남들은 무슨 말인지 모를 낙서 같은 일기 한 줄이 우리의 인생을 바꿀 수 있다. 그것이 바로 글의 힘이다. 그것이 글 쓰는 사람을 존경하는 이유이고 그들을 방안에 틀어박힌 부적응자라고 생각하지 말아야 할 이유이다. 그들은 자신을 위한 증거를 온 몸으로 써 나가는 사람이다.

4

유튜브로 실시간 방송을 하다가 나는 구독자들과 쇼핑몰 창업에 대해 이야기하게 되었다. 돈을 벌 수 있는 방법 중 하나로 온라인 쇼핑몰을 많이 하더라, 뭐 이런 이야기였을 것이다. 그러다가 어찌된 영문인지 나는 쇼핑몰 창업에 대한 전자책을 쓰기 시작했다. 정확히 어떤 이유였는지 확실하지 않다. 잘 기억이 나지 않는다. 추측컨데 구독자와 나 사이에 어떤 기운의 흐름이 있었을 것이다.

나는 구독자들과 쇼핑몰 전자책을 쓰기로 약속했고 블로그에 '문제의 서문'을 적기 시작했다.

5

〈나는 왜 위탁판매에 대한 전자책을 쓰는가〉

저는 이렇게 생각합니다.

사람은 자기가 좋아하는 일을 하며 살 수 있어야 합니다. 그래야 자기 삶의 주인이 될 수 있다고 생각합니다.

하지만 자신이 좋아하는 일을 발견하고 그것을 준비하는 것은 너무 먼 일로 보이고 시작하기도 힘듭니다. 자기가 좋아하는 일을 하려면 독립해야 합니다. 남에게 고용되어 일하는 것이 아닌 우리 스스로가 사업이 되어야 한다는 말입니다. 이 말이 '빛 좋은 개살구'가 되지 않으려면 우리 스스로 경제적으로 자립할 수단이 필요합니다.

직장에 다니면 내 시간과 에너지 그리고 내 미래를 회사에 담보로 맡깁니다. 그리고 남의 일을 합니다. 하지만 시간이 지나면 남는 것은 별로 없고 이제야 내 인생을 살고 싶다고 뒤늦은 후회를 하게 됩니다.

남의 밑에서 일하지 않으며 경제적으로 독립하기 위해서는 생각을 조금 바꿔야 합니다. 하나의 일보다는 수입을 다각화하라고 많은 전문가들이 말하고 있습니다. 이 모든것을 가능하게 하는 것은 디지털입니다. 디지털이 거의 모든 지구상의 개인과 개인을 연결할 수 있게 되었기 때문입니다.

수입 다각화. 한 마디로 돈 나오는 구멍을 여러 개 만들어야 합니다.

그런 의미에서 위탁판매는 아주 훌륭한 워밍업이라고 할 수 있습니다. 수입 다각화의 첫 단계로 적합하지요.

제가 이 책을 쓰는 이유입니다. 저는 재테크 전문가가 아닙니다. 쇼핑몰 전문가도 아닙니다. 저는 브랜드 전문가입니다.

브랜드 전문가가 이 책을 쓰는 이유는 여러분이 독립하길 바라는 마음에서 입니다. 위탁판매를 해보니 아주 적은 노력으로 수익을 만들 수 있다는 확신이 생겼습니다. 일부러 하루에 한 시간 이상은 일하지 않았습니다. 그런데도 수익은 지속되었고, 오히려 계속 상승했습니다. 이렇게 간단한 방법이 있다면 창업하지 않을 이유가 없다고 생각했습니다.

여러분의 독립을 위한 여정 중 위탁판매는 그 첫걸음입니다.

그 첫걸음이 여러분을 어디로 데려갈지는 아무도 모릅니다. 하지만 확실한 것은 그 길은 독립의 길이라는 것입니다. 독립을 완성하기 위해서는 나라는 브랜드가 힘을 발휘하는 퍼스널브랜딩이 언젠간 필요합니다. 멀게 느껴지시겠지만 한발짝씩 묵묵히 걸어가시면 됩니다.

독립. 생각해보세요.

내 이름을 걸고 사업자를 내는 것입니다. 사업자등록증에 내 이름이 떡하니 인쇄되어 있고, 나는 이제 공식적으로 뭔가를 팔 수 있는 사람이 된 것입니다. 그것은 "나에게 주는 면허증"이라고 생각합니다. 생각 자체가 바뀝니다. 직장에서 어떻게 오래 살아남을까, 은퇴 이후엔 어떻게 해야할까라는 고민은 사라집니다.

이 면허증으로 나는 무엇을 팔 수 있을까, 그러기 위해서는 어떻게 해야할까라고 "주도적으로" 생각하게 됩니다. 내가 주인이 됩니다.

내 힘으로 돈을 벌어본다는 것은 대단한 경험입니다. 자본주의 사회에서 내가 남에게 무엇인가를 제공하고 돈을 받는 것은, 단순하지만 이 경제체계의 근간이기 때문입니다. 지금까지 돈이 가상의 세계처럼 느껴졌다면 이제 돈의 중심에 서게 되는 기회를 얻으신 겁니다. 뭔가를 벌고 있다는 안정감은 개인이 진정한 독립으로 한발짝 더 나아가는 데에 든든한 받침대가 될 것입니다.

독자들이 위탁판매에서 그치지 않고 이를 바탕으로 진짜 자신의 이름을 건 퍼스널 브랜드로 나아가길 바랍니다. 위탁판매 사업은, 다시 한번 말하지만 여러 가지 수입 다각화의 한 방편일 뿐입니다. 쉬운 것부터 정복해야 나중에 큰 일도 성공할 수 있습니다. 위탁판매라는 워밍업을 통해 기업가 정신을 스스로 부추기시고, 뭔가 자신감이 붙는다면 이후에 자기만의 브랜드를 만드시면 됩니다. 실제로 위탁판매를 하면 어떤 상품이 잘 팔리는지 그 이유와 원리를 이해하는 데에 아주 큰 도움이 됩니다.

저는 세계적인 브랜드의 마케팅 전략가로 일했습니다. 그런데 그 세상이 너무 이론적이었다는 것을 깨달았습니다. 다름 아닌 위탁판매를 통해서입니다. 진짜 사고 팔리는 현장은 생생한 성공과 실패를 통해 교훈을 줍니다. 그러므로 여러분들도 분명히 느끼는 바가 있을 거라고 생각합니다.

6

이게 쇼핑몰 창업 책의 서문이다. 일반적인 실용서에서 하는 말 치고는 좀 색다르다. 이 사실을 나중에 알게 되었다. 책의 차별화를 위해 의도적인 게 아니었다. 단순하게, 내 진심이었다.

구독자나 블로그 커뮤니티 이웃들은 이 서문에 대해 똑같은 말을 했다. 역시 마작가님은 다르다는 것이다. 나중에 생각해보니 상식적인 실용서의 서문은 아니었다.

서문을 써보자고 결심했을 때 이런 내용이 될 줄 예상하지 못했다. 서문은 나 스스로 이 책을 어떻게 받아들여야 할지에 대해 쓴 것이다. 갑자기 쇼핑몰 창업에 대한 책을 쓰는 것에 대해 스스로 납득시키기 위한 작업이었다. 과연 이것이 내가 원하는 것인지 자문자답하는 시간이었다.

내가 쇼핑몰 창업을 독립의 도구로 본 것은 전혀 의식적이지 않았다. 창업을 독립으로 바꾸어버린 생각이 기발하다고 느낀 것은 사람들의 말을 듣고 정신을 차린 뒤였다.

항상 그런 것은 아니지만, 대체로 사람들의 말은 자신을 뒤돌아보게 만든다. 특히 나 자신의 정체성과 관련되었을 때엔 더 그렇다. 영화만 봐도 그렇다. "너답지 않아"라는 말을 들으면 꼭 되받아치는 대사가 있다. "나다운 게 뭔데."

많은 사람이 입모아 이야기한다는 건 뭔가가 있기 때문이다. 그것이 진실인지 아닌지 나는 확인할 의무가 있었다.

사람들은 왜 내가 신기하다고 말할까. 역시 마작가님답다는 말은 무슨 뜻일까. 나는 사람들의 한결같은 반응이 오히려 놀라웠다. 나는 그저 내가 할 말을 했을 뿐이고, "이게 뭐 어때서"라고 생각했던 것이다.

그것은 하나의 증거였다. 놀라는 사람들과 무덤덤한 나. 이 상반되는 감정이 증거하는 바가 있었다. 나라는 사람의 가치관이었다.

책의 서문에는 내가 당연하게 받아들이고 있는 어떤 가치관이 드러났다. 나를 가득 채우고 있는 어떤 뜨거움이나 뼈대 같은 것들이 은연 중에 밖으로 드러난 것이다. 그것을 무의식이라고 부르던 기질이라고 부르던 간에 말이다. 그렇기 때문에 나는 무덤덤했고, 같은 이유 때문에 사람들에겐 신선했다.

서문은 내 특징적이고 고유한 가치관을 밖으로 드러내는 계기가 되었다. 내겐 당연하지만, 사람들에겐 색다르고 따라서 매력적으로 느껴진 것. 내 고유한 가치의 끄트머리가 우연히 발견된 순간이었다. 이 과정에서 핵심적인 역할을 한 것은 글이었다. 글로 내뱉어지지 않았다면 나를 발견하는 의미있는 순간은 더 미뤄졌을 것이다.

7

독립 그리고 나만의 고유한 인생을 누리는 자유.

이 두 단어가 나를 다음 단계로 올라가게 했다. 욕망의 집에서 한 계단 위로 올라가는 문의 빗장이었다. 그간 자기가 무얼 말하고 있는지 잘 모르면서 떠들기만 하던 내 자신을 더이상 신경질적이고 강박적인 시선으로 보지 않게 되었다.

"응. 그럴 수 있지. 다 이 순간을 위한 고난의 시간이었으니까." 나 자신을 이렇게 자비로운 시선으로 보기 시작했다. 독립이라는 단어가 퍼즐을 완성시킨 것 같았다. 내가 말하고 싶었던 것. 내가 보여주고 싶었던 가치. 그것이 있어야 한다는 것만 알았지, 정작 무엇인지는 몰랐던 알맹이. 그것은 독립이었다.

남의 삶이 아니라 자기의 삶을 살려면 독립이 필요하다. 자기의 자유의지대로 살기 위해서는 남을 의식하는 시선에서 독립해야 한다. 직장에서 일하는 것이 남의 옷을 입고 있는 것처럼 느껴진다면 자신이 빛나는 곳을 찾거나 개척해야 한다. 내 안의 목소리를 들으려면 나를 얽매고 있는 것들을 인지하고 벗어나도록 노력해야 한다. 이 모든 것들을 나는 독립이라는 단어를 통해 바라보고 있었던 것이다.

내가 찍은 유튜브 영상도 같은 방향을 가리키고 있었다. 내가 썼던 글이 마법을 부리는 것처럼, 기록된 영상도 마법을 부렸다. 내가 무심코 뱉었던 말들은 "독립과 자기 인생"이라는 하나의 방향을 가리키고 있었다.

알고 보니 나는 이미 이야기하고 있었다. 독자들은 이미 알고 있던 그것이다.

〈어디에도 만족 못하고 직장을 전전했다면〉에서 나는 직장에서 나와 자기의 기질에 맞는 길로 독립하는 것을 부추기고 있었다.

〈나는 독립할 준비가 되어 있는 것일까〉에서 나는 독립을 준비하는 사람들에게 이미 말을 걸고 있었다.

〈하버드에서 말하는 워라밸 체크 방법〉에서 나는 직장이라는 '남의 일'에 너무 몰두하지 말라고 말하고 있었다.

〈삶과 직장을 분리하는 8가지 방법〉에서 나는 직장인 아무개가 아닌 나 자신의 삶을 살라고 말하고 있었다.

〈까칠할수록 성공한다. 사회에서 친절하면 안 되는 이유〉에서 나는 슬쩍 직장생활의 피폐함에 대해서 말하고 있었다.

〈여기저기 기웃거리는 분들께〉에서 나는 직장이 아니라 자신의 내면의 소리에 귀기울이고 진짜 자신을 찾아 독립하라고 대놓고 부추기고 있었다.

다른 사람이 이 소재를 다루었다면, 영상은 전혀 다른 메시지를 말하고 있을 것이다. 이 모든 재료가 내게 오면서 독립의 메시지로 바뀐 셈이다.

그것이 무엇이든 간에, 나라는 용광로와 주물을 지나면 독립이라는 두 글자가 선명하게 찍혀서 나오는 것이다.

다시 한번 말하지만 나는 전혀 의식하거나 의도한 게 아니었다. 그렇기 때문에 기록은 마법이다.

　마음이 내키는 대로 쓰고 말했을 뿐인데 그것이 모두 한 방향을 가리키는 건, 소름돋도록 아름다운 일이다.

　빗장이 풀리자 나 자신에 대한 생각들이 우르르 쏟아져 내렸다. 나는 그것들을 놓치지 않기 위해서 정신없이 몇 일을 받아 적어야 했다. 기록을 통해 나를 발견했듯이, 그 순간도 기록해야 했다. 그래야만 앞으로 나아갈 수 있기 때문이었다.

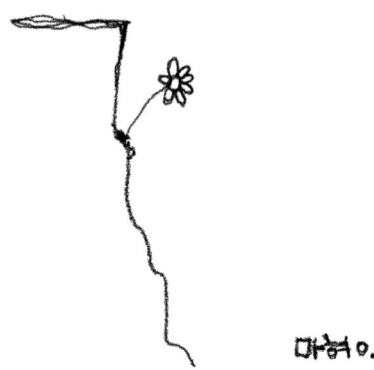

절벽에서 떨어지는 심정은, 꽃.

III.
숨겨진 나

마작가 선언문

　지금부터는 나라는 사람을 마작가로 다듬었던 과정에 대해 말할 것이다. 이것을 내 개인적인 스토리로 읽어도 좋지만, 독자 자신에게 적용시키면서 읽어보기를 권한다. 마작가는 자신을 이렇게 생각했는데, 그렇다면 같은 질문에 대한 내 대답은 무엇일지 생각해보는 것이다. 당장 답이 나오지 않아도 상관없다. 이러한 질문은 죽기 전에 한번쯤 고민하기에 좋은 화두라고 확신한다. 더구나 이 질문들은 다락방의 출입과 깊이 연관되어 있다.

　나는 어슴푸레 한 깨달음을 글로 정리하는 작업에 들어갔다. 이번에는 단순히 나를 다잡는 의미가 아니었다. 내가 좋아하는 일을 하면서 삶의 의미를 찾는 것도 중요하지만, 밥벌이를 해내는 게 중요했다. 그러기 위해서는 사람들에게 나를 내보여야 했다. 브랜드가 소비자에게 가닿았을 때에 진짜 의미를 갖는 것과 같았다. 내 깨달음을 상업적 언어로 정리하는 것은 혼자서 끄적이는 것과는 차원이 달랐다. 책임감과 비장함이 있었다.

다행히 상업적 언어로 쓰는 작업은 손에 익었다. 내가 줄곧 해온 일이었기 때문이다. 브랜드에 대한 전략을 짜고 실행하고 분석하면서 갈고 닦은 상업적 사고방식은 나 자신이 아니라 사람들, 즉 타깃을 향하는 언어였다.

새로운 브랜드를 런칭한다는 생각으로 적기 시작했다. 나라는 사람을 하나의 브랜드로 정리해보자는 생각이었다.

브랜드에서 가장 근본이 되는 것은 비전과 목적이다. "네 꿈은 무엇인가. 그리고 너는 세상에 왜 존재하는가."

나는 이렇게 정리했다. 마작가는 방황하는 사람들에게 글과 말로 영감을 주고 그들의 독립을 돕기 위해 이 세상에 태어났다. 독립의 결과로 방황하는 사람들은 고유한 자신만의 인생을 만나게 될 것이다.

이 목적은 내가 그토록 목말랐던 창작을, 그리고 나라는 사람의 사색적인 면모를, 고스란히, 아니 가장 아름답게 담을 수 있는 그릇이었다.

존재의 독립을 떠올렸을 때 가장 먼저 떠오르는 그런 현실적인 조언자, 작가, 연사가 되고 싶다. 이것이 내 이상이다.

이렇게 살 수만 있다면 더 이상 무얼 바라겠나. 죽더라도 이렇게 기억될 수만 있다면! 내 죽음 앞에서 사람들이 저렇게 나를 기억해주고 내 묘비에도 새겨진다면 말이다.

말 그대로 "이상적"이지 않을 수 없다.

승부처

비전과 이상을 갖는 것은 아름다운 일이다. 하지만 그것만으로는 부족하다. 변화를 위해서는 현실 세계에서 내 승부처에 대해 정의해야 한다. 그리고 그 승부처로 뛰어들어야 한다. 두루뭉술하게 느껴진다면 그 승부처를 '시장'이라고 생각해도 좋다.

독립이라는 주제 자체는 승부처가 될 수 없었다. 재테크 분야에서 독립은 남에게 의존하지 않고 스스로 돈을 버는 것에 대해 말할 것이다. 철학에서의 독립이란 스스로 생각해서 인생의 방향을 결정하는 주체적인 삶의 태도에 대해 말할 것이다. 인테리어에서는 공간이 분리되어 별도의 역할을 할 수 있을 때에 독립이라는 말을 주로 할 것이다.

내가 어떤 분야에서 승부를 보겠다는 말은, 내 브랜드로 그 **시장에 진입하겠다**는 뜻이다.

내 비전은 멋있게 들릴지언정 당장 사람들로 하여금 "이 사람이 도움이 되겠다."는 생각으로 이어지지는 않았다.

"마작가는 방황하는 사람들에게 글과 말로 영감을 주고 그들의 독립을 돕는다?" 그래서 뭘 어떻게 도와주겠다는 말인가?

그래서 나는 이 철학적이고 인문학적인 문장을 상업적으로 번역하기로 했다.

내가 사용한 도구는 쇼핑몰이었다. 자본주의 시장에서 내 승부처를 찾을 수 없다면 내 비전은 공허한 넋두리와 다를 바가 없다. 나는 쇼핑몰을 지팡이 삼아 스스로에게 객관적으로 적용할 수 있는 평가표를 만들기로 했다.

나를 상업적 키워드를 통해 들여다 보는 일은 처음이었다. 지금까지 40년을 넘게 살아오면서 왜 이런 기회가 없었을까.

생각해보면 답은 하나다. 나 스스로를 **직장인**으로 규정했기 때문이다. 직장인이 아닌 다른 존재가 된다는 것에 대해 스스로 빗장을 치고 있었기 때문이다.

브랜드에 대한 지식에 내 개인적인 경험을 버무려 나만의 평가표를 만들었다. 하와이에서 겪었던 시행착오를 반영했다. 점수를 내보니 1위는 책이었다. 나 스스로에게 물어보았다. 이것을 내 분야로 삼을 수 있을까? 나는 흔쾌히 고개를 끄덕였다.

자기 자신이 누구인지 발견하고픈 인간의 욕망은 책을 통한 자기계발과 깊은 관련이 있다. 더 나은 자신이 되기 위해서, 자신의 꿈을 실현하고싶은 3층의 욕망이 있는 사람만이 이러한 철학적인 방황을 하기 때문이다. 실용적인 결론이 나왔다. "책을 쓰고 그것이 필요한 사람에게 닿을 수 있도록 노력하자."

2위는 코칭이었다. 역시 고개를 끄덕였다. 사람들을 돕는 데에서 의미를 느끼는 내 기질이과 잘 맞았다. 책과의 연관성으로 볼 때에도 무척 자연스러웠다. 직장에서 다른 브랜드매니저들과 영업팀장들을 코칭했던 경험도 긍정적인 기억으로 작용했다.

3위는 아웃도어였다. 나는 숲에서 절반 이상의 시간을 보내고 있었다. 더이상의 말이 필요 없었다. 하지만 내가 당장 할 수 있는 것은 아니었다. '여름 숲속학교'처럼 사람들을 숲으로 모아 강연을 한다거나 기껏해야 내가 좋아하는 캠핑용품을 판매할 수 있지 않을까 생각했다. 어찌 되었건 내 분야인 것을 부정할 수는 없

	책	코칭	아웃도어	테라피
실제 내가 좋아한 근거가 있다	5	3	5	2
평생 좋아할 수 있다	5	4	5	5
"왜"에 대한 직관적 스토리가 있다	5	4	5	2
가까운 지인들이 끄덕인다	5	5	3	3
성향 조사 결과와 일관성있다	4	5	2	2
점수합계	24	21	20	14

[상업적 키워드 평가표]

었다. 미래에 어떤 인연으로 이 일이 풀리게 될지는 아무도 모르는 것 아닌가?

4위는 테라피였다 (Therapy). 나는 사람들이 스스로 치유할 수 있는 힘이 있다고 믿는다. 그리고 그 사실에 대해 증명하고 싶었다. 독립은 그 방법이다. 그것이 사람들에게 독립을 바라는 이유다. 이 역시 당장 뛰어들 수 있는 분야는 아니었다. 하지만 나중에라도 언제든 쓸 수 있는 패였다.

마작가는 방황하는 사람들에게 글과 말로 영감을 주고 그들의 독립을 돕는다. 나만의 승부처인 책으로, 영감을 주는 코칭으로, 그리고 숲이 주는 고독과 치유의 힘으로.

여러분은 어떠한가. 여러분의 비전을 풀어내기 위해 현실에서 힘써야 할 승부처가 있는가.

눈에 띄지 않기에 더 귀한 사람

1

나라는 브랜드의 비전, 그리고 승부처인 시장을 결정했지만 이것은 브랜드 전략의 아주 기초적인 단계에 지나지 않았다. 브랜드 전문가로써 내가 생각하는 전략의 백미는 바로 타기팅이었다. 타기팅을 잘 하면 전략의 절반 이상은 성공한 것이다. 타기팅은 이런 질문에 대한 답이다.

누구에게 말을 걸 것인가.
누구를 모을 것인가.
그 사람들은 다른 사람들과 무엇이 다른가.
어떤 사람들이 내 이야기에 공감할 것인가.
누가 내 인생에서 위로를 얻을 것인가.

사람들은 마케팅에 대해 크고 작은 오해를 한다. 그 중에 하나는 마케팅의 역할에 대한 오해이다. 마케팅은 만들어진 상품을 잘 파는 기술이라고 생각한다. 이는 마케팅의 여러 가지 영역 중 판촉에 해당한다. 마케팅이라는 커다란 분야의 아주 작은 역할이고, 어찌 보면 전략적이지 못한 부분이다. 이 작은 부분을 마케팅이라고 해석하면 전략가들은 좀 서운하다.

마케팅 구루 필립 코틀러가 말한 것처럼 "최고의 마케팅은 마케팅을 필요 없게 만든다." 전략을 잘 짜면 물 흐르듯이 자연스럽게 소비자나 독자에게 퍼진다. 판촉이 (Promotion) 필요 없다. 아무래도 판촉은 억지로 밀어부치는 성향이 있다. 돈으로 매출을 사는 격이다. 돈을 들여 매대를 사고, 할인을 하고, 프로모터를 쓰고, 판촉물을 쓴다. 그렇게 해서 당장 '장사'는 될지언정 진정한 힘을 갖지는 못한다. 이솝우화에 나오는 〈해와 바람〉을 보자. 나그네가 외투를 벗게 된 이유는 억지로 밀어부치는 바람이 아니다. 스스로 행동하게 만드는 해의 따스함이다. 마케팅도 마찬가지다. 판촉은 나그네의 옷을 강업적으로 벗기는 바람이다. 때문에 판촉이 중단되면 사람들은 떠난다. 결국 판촉에 의지하다 보면 비용은 늘어나고, 사람들은 그 상품을 '행사상품'으로 인지한다. 신제품이 곧 삼류 상품으로 전락한다. 물론 사람이라는 브랜드도 (Personal Brand) 이와 다르지 않다.

판촉이 없이도 자신의 매력으로 사람들을 끌어당기는 방법이 있다. 그 방법이 브랜드이다. 자신을 상품이 아니라 브랜드로 끌어올리면 된다. 그러기 위해서는 브랜드다운 전략을 가져야 한다. 그리고 여러 가지 요소 중 가장 핵심을 꼽으라면 나는 주저없이 말한다. 브랜드 전략의 가장 핵심은 타기팅이다.

누구에게 말을 걸 것인가. 누구를 모을 것인가. 그 사람들은 다른 사람들과 무엇이 다른가!

잘 설정된 타깃에게 메시지가 전달되면 쉽게 공감대가 형성된다. 애초에 공감대가 높은 사람들을 타깃으로 설정했기 때문이다. 이는 모든 의사소통의 기본이다.

반대로 제아무리 그럴듯한 메시지도 타깃과 거리가 먼 사람들에게 전달되면 어떨까. 메시지는 그 의도와 목적을 달성하지 못한다. 그것이 공감이든, 설득이든, 판매든 말이다.

폭설이 내린 다음 날 뜨끈한 온돌방 아랫목에서 외할머니가 내어주던 묵은 파김치와 고구마의 궁합을 논하려면 샌프란시스코의 소셜 미디어 회사에 다니는 20대 교포보다는 한국의 중소 도시에 사는 50대 시장상인에게 말하는 편이 낫다.

한 사람이 탁월해지는 방법은 열심히 노력하는 게 아니다. 자신이 애초에 탁월할 수 있는 분야를 찾아가는 것이다.

브랜드도 그렇다. 아무나 붙잡고 "나는 훌륭한 브랜드예요. 나는 멋진 브랜드에요. 나를 사주세요."라고 말하면 안 된다. 그 브랜드가 애초에 공감할 수 있는 사람들을 찾아야 한다. 그 브랜드를 높이 평가하고, 그 브랜드가 들려주는 진솔한 이야기에 공감할 수 있는 사람들을 찾아야 한다.

그 다음부터는 브랜드 스스로 일을 한다. 일일이 손을 댈 필요가 없다. 브랜드는 생명을 갖고 움직인다. 그게 타기팅의 마술이다. 코카콜라나 애플 같은 훌륭한 브랜드는 사람들의 마음 속에 산다. 경영진이 모조리 바뀌고 광고 캠페인이 전혀 다르게 바뀐다고 해도, 소비자들이 갖고 있는 브랜드에 대한 인식은 전혀 바뀌지 않을 것이다. 주변에 있는 사람들을 보라. 아무리 그 사람이 변신을 시도해도, 우리가 갖고 있는 그 인물에 대한 인식은 거의 바뀌지 않을 것이다. 그것이 브랜드의 영향력이다.

브랜드의 힘이라는 것은 그것이 가진 핵심 속성과 타깃 집단과의 교류를 통해 자연스럽게 형성된다. 타기팅이 이만큼 중요하다. 하지만 아무리 전문가라 해도 쉽게 타기팅에 손대지 못한다. 혹은 손을 대도 좀처럼 성공하지 못한다.

두루뭉술하게 "젊은 사람들이 타깃이다."라는 식으로 말했다가는 노련한 마케터들에게 큰 창피를 당한다. 물론 삼류 상품으로 전락할 확률도 높다. 이런 상태에서 메시지를 날린다면, 과녁은 커녕 그것을 매달아 놓은 기둥 근처에도 가지 못할 것이다.

사실 전문가가 아니라면 타기팅을 접할 기회가 많지 않다. 개인 컨설팅을 하면서 만난 사람들도 그랬다. "내가 잘 하는 것은 무엇일까."를 생각하느라, 더 중요한 타기팅에 대해서는 고민할 기회가 없었던 것이다. 작가워크숍에서 책쓰기를 지도할 때도 비슷한 것을 경험했다. 내 이야기를 들려줄 독자들이 어떤 사람인지 명확하게 정의하면 책은 저절로 흘러가게 되어 있다. 내가 갖고 있는 이야기 중 그 사람들과 공감할 수 있는 이야기를 꺼내놓으면 된다. 책쓰기가 훨씬 쉬워지고 단순해진다.

장사하는 사람은 물론이요, 자신의 뜻을 널리 펼치고자 하는 사람이라면 타기팅을 배워야만 한다. 그것이 브랜드 전략의 뼈대이기 때문이다. 브랜드가 제대로 서면 나를 사라고 힘들여 소리치지 않아도 된다.

2

타기팅은 전략의 초석이요 백미이다. 타깃이 명확하다면 전략이란 이미 존재하는 것을 발견하는 재미있는 과정이다.

그런 면에서 내 전략은 단단한 초석 위에서 시작한 셈이다. 나는 내 이야기에 귀 기울이는 사람들이 누구인지 이미 알고 있었다. 유튜브와 블로그 덕분에 어떤 상황에 처한 사람들이 내 이야기에 공감하는지 직접 경험했기 때문이다. 물론 이 경험에는 쓰디 쓴 경험도 포함이다. 나라는 사람의 스토리는 욕망의 집에서 돈, 명예를 중요하게 생각하는 사람들에게는 전혀 와닿지 않는 이야기였다.

유튜브의 반응과 댓글은 아주 훌륭한 리트머스지였다. 사람들의 무관심이 의미하는 바가 있듯이, 대중의 긍정적 공감에도 커다란 의미가 숨어있다. 영상을 올릴 때마다 무관심 또는 공감형 댓글이 계속 순환되었다. 나는 계속해서 테스트를 시도한 셈이었다. 그 사이 내겐 무형의 데이터가 계속 쌓였다.

첫째는 나 자신에 대한 데이터였다. 나 역시 스스로를 발견해가는 중이었기 때문에 계속해서 데이터를 축적하고 걸러내는 과정이 필요했다. 핵심 질문은 "이런 이야기를 해보면 어떨까."였다. 아무 이야기가 아니라, 내가 스스로 좋아하고 또 몰입할 수 있는 이야기인지가 중요했다. "코로나 대응에 대한 경제 분석과 대비책"에 대해 공부해서 영상을 찍은 적이 있다. 이 영상은 재미도 없고 숙제처럼 느껴졌다. 영상을 찍으면서 자신감이 떨어졌다. 내 이야기라는 생각이 들지 않는 것이다.

반면에 내 이야기로 느껴지는 주제들이 몇 가지 있었다. 하나는 방황이다. 내 주장은 겉으로 퇴사나 이직으로 보이는 "방황"이라는 것이 사실은 아주 건전한 내적 탐색의 과정이라는 것이다. 나는 이 이야기를 할 때에 평소보다 더 몰입할 수 있었고, 이 주제에 대해 말할 수 있는 특권이라도 얻은 냥 떳떳한 마음이 들었다.

두 번째 데이터는 타깃에 대한 데이터였다. 영상 한두 개가 반응이 좋았다고 섣불리 판단하기 싫었다. 나는 충분히 검증하고 싶었다. 왜냐하면 내가 **평생** 쫓아다니고, 모으고, 봉사하고, 어울려야 할 사람들이기 때문이다. 까다로운 기준을 가졌던 것 같다. 말하자면 나는 재혼할 배우자를 고르는 상처받은 사람처럼 굴었다. 직장이라는 초혼은 큰 실패였기 때문이다.

영상이나 주제를 시험삼아 계속 바꾸었다. 방향을 조금씩 틀어가며 다양한 집단의 사람들을 향해 이야기를 해본 것이다. 그렇게 몇 달의 데이터가 쌓였다. 나는 내 실험을 관통하는 하나의 방향성이 있다는 것을 알게 되었다.

"마작가는 방황하는 사람들에게 글과 말로 영감을 주고 그들의 독립을 돕는다." 내 비전과 이상을 담은 선언문이었다.

무엇으로 사람들을 도울 것인가? 나만의 승부처인 책으로, 영감을 주는 코칭으로, 그리고 가끔은 숲과 치유의 힘으로 도울 것이다.

그렇다면 나는 누구에게 말하고 도움을 줄 것인가?

방황하는 사람들이다. 방황하는 사람이라는 타깃에 대해 나는 이렇게 결론을 내렸다.

방황하는 사람이란, 자신의 생업에서 더 이상 의미를 발견하지 못하는 사람들이다. 왜 의미를 찾지 못하는가. 남의 삶을 사는 기계적인 일상은 이들에게 욕망의 집 1층이나 2층에 있는 기능적인 충족을 줄 뿐이다. 이들은 더 큰 의미를 찾고 있다. 그것은 욕망의 집 1층이나 2층에는 없다. 우리는 그것에 대해 이미 이 책의 초반에 논했다.

나라는 존재가 이렇게 쓰이고는 끝인 것일까. 아니, 그럴 리 없어. 그럴 수는 없어. 이렇게 의식적으로 또는 무의식적으로 반항하는 사람들이다.

결국 이들은 자신을 더 의미있게 쓸 수 있는 방식을 찾아 떠난다. 자신이 헌신할 수 있는 대상을 찾아서. 하지만 멀리 가지는 못한다. 생업이라는 굴레와 현실의 고단함 때문이다. 자신을 찾는 것이 중요한 것을 알지만 그렇다고 생업을 포기할 수는 없다고 생각한다. 나 역시 그랬다. 우리는 왕가를 박차고 나온 부처가 되려는 것이 아니다. 그렇게 우리는 일상에서 맴돈다. 이들의 여정이 여기저기 기웃거리는 방황처럼 보이는 이유다.

하지만 이들은 방황하는 게 아니다. 사실은 탐험을 하고 있는 중이다. 이 둘은 큰 차이가 있다. 탐험에 나서지 않은 사람은 무엇도 발견하지 못한다.

때로는 내가 이것밖에 안 되나, 하고 절망할 것이다. 하지만 그렇지 않다. 이런 허탈함은 자신의 삶을 더 나은 의미로 승화시키기에 아주 좋은 연료이기 때문이다.

그러나 모든 방황이 탐험이 되는 것은 아니다. 방황을 내실있는 탐험으로 바꾸는 데에는 걸림돌이 있다. 방황과 탐험이라는 서로 다른 두 언어를 이어줄 통역이 필요하다는 것이다. 나는 이 책을 통역사로 만들 속셈으로 글을 쓰기 시작했다. 그리고 내 사례를 붙여 그 실례를 보여주고자 했다. 욕망의 지도는 방황과 탐험의 간극을 이어줄 중요한 암호 해독제이기도 하다. 욕망의 지도를 통해 내가 진짜 원하는 것을 발견할 수 있다. 방황의 이유를 아는 사람은 그때부터 방황하지 않는다. 의미를 찾아 여정을 한다. 그것은 방황이 아니라 탐험이 된다.

그러므로 방황하는 사람들, 내가 손을 내밀고 싶은 사람들, 나를 이해해주고 공명하는 사람들을 조금 더 풀어서 설명해보면 이렇다.

그들은 방황하는 사람들이다. 실패나 절망 때문에 방황하는 게 아니다. 그들은 삶의 의미를 찾고 싶은 욕망에 못이겨 방황한다. 더 나은 자신, 그 이상의 자신이 되고 싶기 때문이다. 그들은 삶이 자신에게 묻는 바를 대답하기 위해 방황하는 철학자들이다.

자신이 방황하는 이유를 알 수도 있고 모를 수도 있다. 방황하는 게 기질 때문일 수도 있고 아닐 수도 있다. 모든 사람이 다 고유하므로 답은 각자 밝혀야 할 것이다.

하지만 나는 알고 있다. 적어도 그들은 삶의 목적을 발견하기 위해 방황하는 사람들이다. 삶의 목적을 발견하는 것은 철학의 영역이기 전에 욕망의 영역이다. 욕망의 지도를 다시 잘 들여다보면 알 수 있다. 그 욕망은 가장 상위 차원에 존재하고 있는 자기초월에 대한 욕망이다.

3

인간이 가진 욕망의 집으로 다시 돌아가면 이 자기초월 욕망은 분명해진다. 자기초월이란 삶의 목적과 의미에 대한 것이다. 그것을 발견하고자 하는 욕망이 있는 사람이라면, 욕망의 집 1층이나 2층에서 맛보는 쾌락이 때로는 덧없으며 영혼의 목마름을 채울 수 없다는 것을 깨달았을 것이다. 3층의 자아실현 역시 때로는 부의 축적이나 명예로운 지위로 위장된 목표달성과 구분하기 어렵기 때문에 이것이 내가 원하던 것인지 마음이 불편했을 것이다. 수많은 전략가와 학자와 과학자들이 욕망의 집에 다락방을 만들어놓은 것은 이유가 있다. 각 층마다의 성격이 분명하다.

함께 묶어 부르기에는 배타적이다. 그러므로 우리가 찾고자 하는 삶의 목적과 의미는 오직 다락방에서만 찾을 수 있다는 것을 인정해야 한다.

이렇게 쓰고 보니, 다락방에 들어갈 수 있는 첫 번째 자격은 바로 방황이다. 삶의 의미에 목마른 자만이 다락방으로 올라갈 수 있는 것이다. 다락방을 찾기 위해서는 1층부터 3층을 배회해야만 한다. 거기에 내가 찾는 것이 없다는 것을 확인하는 순간 탐험이 시작되기 때문이다.

이 사람들을 청중이나 구독자 혹은 내 타깃이라 부르는 대신 이렇게 부르고 싶다.

내 사람. 내 사람들.

나는 내 사람들과 연결되어 있다. 때문에 우리라고 부르는 것이 맞겠다.

우리는 같은 고민을 한다. 세상에 이런 멋지고 의미있는 고민을 하는 사람은 많지 않다. 재테크로 부동산 경매를 공부하는 사람들이나, 구매대행 쇼핑몰로 서둘러 부자 대열로 들어가고 싶은 사람들처럼 대규모 집단이 아니다. 눈에 띄지 않는다. 그렇기 때문에 서로가 더 특별하다.

내가 이 사람들을 발견하는 것은 큰 행운이다. 광산에서 금맥을 발견한 것처럼 느껴진다. 나는 숨어있는 내 사람들을 불러 모으고 싶다.

이 역시 의미하는 바가 있을 것이다. 그들 역시 내 목소리를 발견하고 "내 길을 찾은 것 같다"라고 한다. 여기에도 뭔가 의미가 있을 것이다. 우리는 서로를 부르고 기다려왔던 관계다.

이 세상엔 이런 이야기를 찾는 사람도 목소리를 내는 사람도 귀하다.

4

나는 이런 사실들을 철학서적을 탐독하거나 유명 강사의 온라인 클래스를 통해 발견한 게 아니다. 우리는 각자가 고유하다. 자신을 발견하기 위해 강의를 듣는 것은 애초부터 가능하지 않은 일이다. 탐험은 자신의 발로 걸어가는 것이다.

탐험을 통해 나는 나만의 선언문을 갖게 되었다. 또한 그 비전을 현실로 만드는 구체적인 도구도 손에 쥐게 되었다. 내 승부처와 내 사람들이다. 내 사람들을 도와주고 함께 걸어가며 내 승부처에서 내 선언문을 현실로 만들 것이다.

나는 마작가다. 작가는 책을 쓰는 사람이다. 그러나 역설적이게도 브랜드에게 생명을 불어넣은 장본인은 책이 아니다. 결정적 역할을 한 건 유튜브와 블로그였다.

2부에서 쓴 것처럼 내 대발견의 단서는 유튜브였다. 숨겨진 무의식과 발견되지 못한 내 기질을 발견하는 데에 도움을 주었다. 그리고 블로그는 이 모든 것에 매듭을 지어준 결정적인 과정이었다. 유튜브가 만든 불투명한 가정들을 블로그가 명확하게 결론내 주었다.

4부에서 나는 잔소리를 좀 시작해볼까 한다. 탐험을 떠나자고 손을 내밀 생각이다. 내가 할 수 있다면, 여러분이 하지 못할 이유는 없다. 왜냐면 여러분은 보통 사람이 아니기 때문이다. 보통 사람 같으면 내가 이런 이야기를 꺼내지도 않았다. 내 본심을 짓밟을 것이 눈에 보이기 때문이다. 다락방을 이해하지 못하는 사람이라면 나를 돈벌이하려는 사람으로 몰아가거나, 헛소리라고 욕할지도 모르겠다.

여러분은 내 사람이다. 나를 안다는 이유로 이 책을 읽는 사람은 원래부터 내 사람이고, 이 책을 통해 나와 같은 떨림을 느꼈다면 이제부터 내 사람이다.

내 사람은 더 나은 사람이 되고자 하는 사람이다. 영혼이 허기진 사람이다. 지금까지 방황해 온 사람이다. 그러므로 여러분이 하지 못할 이유가 없다는 말 대신, 나는 여러분이 꼭 해야만 한다고 말하고자 한다. 이것이 21세기 디지털 문명시대에 우리 모두

가 다 함께 다락방으로 올라갈 수 있는 방법이다.

다락방 입성기

1

조하리의 창은 자기인식을 설명하는 심리학 모델이다.

미국 심리학자 조셉 러프트와 해리 잉햄의 (Joseph Luft, Harry Ingham) 이름을 따서 만든 이론이 조하리의 창이다. 이 이론에 따르면 한 개인은 4개의 자아로 이루어져 있다.

우리는 스스로를 잘 알고 있다고 생각하지만 사실은 그렇지 않다. 우리가 아직 모르는 우리의 모습도 있다. 나 자신에 대해 공부하는 이유는 아직 발견하지 못한 내 모습을 찾기 위해서이다. 주어를 타인으로 바꿔도 마찬가지다. 남이 우리에 대해서 알고 있는 일부분이 있는가 하면, 남들은 전혀 모르는 비밀스런 나만의 영역이 있다. 이렇게 내가 나에 대해 알고 모르는 영역, 그리고 남이 나에 대해 알고 모르는 영역을 한 군데로 모아놓은 것이 바로 조하리의 창이다.

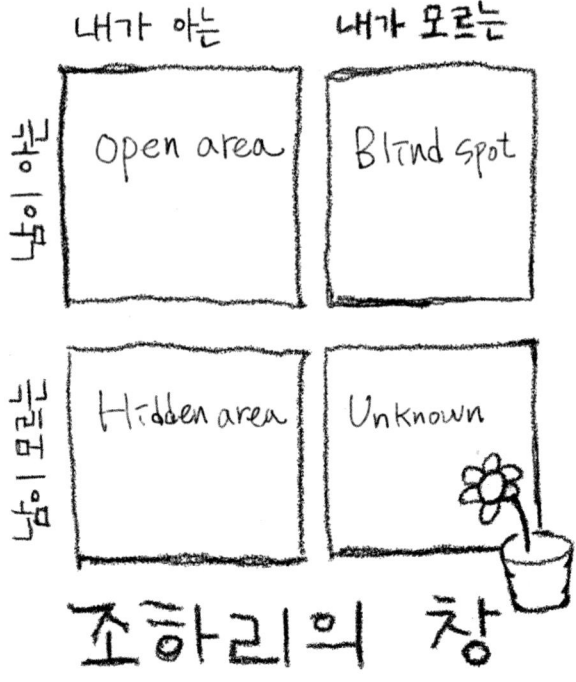

나에 대해 비교적 잘 알려진 내용이 있다. 이 영역은 "열린 창 Open Area"이라고 한다. 예를 들어 나에 대해 공개된 정보들이 그렇다. 내가 브랜드 전략가이며 비교적 자유분방한 사람이라는 내 성향이 그렇다. 이는 나도 알고 있고 다른 사람들도 어렵지 않게 알 수 있는 나에 대한

정보이다.

자신은 알고 있지만 남들이 모르는 영역도 있다. 나만 알고 있는 비밀처럼. 이 영역을 "숨겨진 창 Hidden Area"이라고 한다. 나는 예술과 창작을 흠모한다. 나는 이 사실을 잘 알고 있다. 그러나 사람들은 내 이런 모습에 대해 잘 모른다. 직장에서 이런 모습을 잘못 내비쳤다가는 모욕을 당할 수도 있기 때문이다. 마작가라는 내 별명에 대해서 "책도 없는데 네가 무슨 작가냐."며 비꼬던 프랑스인 상사와 그가 본국에서 데려온 무능한 직원을 생각하면 나는 아직도 모욕감이 든다. 되돌아 보면 직장에서의 이런 경험은 나를 더 밖으로 나돌게 한 것 같다. 이 숨겨진 창이 남에게 들키지 않도록, 소중한 내 보물을 꽁꽁 싸맸다.

여기까지는 평소에도 생각할 수 있는 1차원적인 인식 단계이다. 그런데 다음 두 영역은 단순하지 않다. 우리에게 참신한 시각을 제공한다.

우선 "보이지 않는 창 Blind Spot"이다. 집중해서 잘 생각해보기 바란다. 남들은 다 알고 있는 나에 대한 사실이 있다. 그런데 나만 그 사실을 모르고 있다. 남들만 알고 있는 나에 대한 사실이라니. 내가 세상으로부터 왕따를 당하는 것 같은 기분이다. 나는 스스로에게 이런 질문을 해본 적이 없었던 것 같다. 내가 처음으로 이런 생각을 하게 된 것은 회사에서 제공한 유럽식 코칭 컨설팅 과정 덕분이었다. 남들은 이미 알고 있지만 내가 모르는 나?
대답할 수 없었다. 내가 모르는 것을 말할 수는 없는 노릇이었다.

마지막으로 "미지의 창 Unknown"은 나도 모르고 남들도 모
르는 영역이다. 그야말로 미지의 공간이다. 실제로 이런 신비한
영역이 있을 수 있다. 아무도 모르는 내 모습이 있고, 그 면모는
오직 다락방을 찾는 과정에서만 발견될 수 있다.

내가 아는 내 모습은 중요하지 않다. 새로운 영감을 주지 않는
다. **미래의 변화를 만드는 것은 내가 아는 나보다는, 내가 모르는 나**
일 확률이 많다. 스타 아이스하키 선수인 웨인 그레츠키는 이런
말을 했다. "경기를 이기려면 퍽이 있는 곳이 아닌 퍽이 갈 곳으
로 움직여야 한다."

문제는 내가 모르는 나를 어떻게 발견하는가이다.

2

내가 몰랐던 나.

유튜브가 아니었다면 평생 몰랐을 거라고 생각한다. 유튜브는
내가 미처 발견하지 못했던 나에 대해 말해주었다. 정확히 말하
면 구독자가 말해주었다. 댓글을 통해서다.

댓글이 말하는 마작가는 진솔하며, 용기를 준다. 이런 것들이

야 칭찬으로 받아들이고 감사하면 그만이다.

마작가는 생각만 하고 있었지만 누구도 공감하지 않아 말하지 못했던 것들을 끄집어 이야기하는 사람이었다. 특히나 방황에 대해서라면 그렇다. 이는 내게 의미있는 문장이다. 내가 이런 이야기를 전달하는 데에 있어 재능이나 설득력이 있다는 뜻이기 때문이다.

내가 처음 들어본 말도 있다. 내게는 영성적인 면이 있고, 그것이 비슷한 사람들을 끌어당긴다는 것이다. 이 말이 나는 지금도 무척 신기하다. 어떻게 해석해야 할지 잘 모르겠다. 확실한 건 내 구독자 중에 타로부터 시작해 명상이나 마음챙김에 (Mindfulness) 관심있는 분이 매우 많다는 것이다. 이것을 영성으로 직역할 수는 없지만, 적어도 경매나 블로그로 돈벌기 같은 주제보다는 영성에 가까운 것이 사실이다.

물론 사람들이 아직 발견하지 못한 내 모습도 많다. 예를 들면 좀 엉뚱한 코미디언 같은 기질이다. 다행히 그건 내가 안다. 기회가 되면 사람들이 알 날도 올 것 같다. 하지만 나도 사람들도 모르는 부분에 대해서는 그저 "미지의 창"이 말하는 것처럼 무지할 뿐이다.

그러나 이것만은 확실하다. 미지의 창은 어디에 있는가? 바로 다락방에 있다.

그 방에 있는 창으로 다가가 유리에 입김을 호호 불자. 그리고 소매로 닦자. 그러내면 내 모습이 유리에 비친다. 그 모습은 매우 낯설 것이다. 그래서 그게 여러분인지 한참을 들여다 봐야 알 것이다. 나를 초월한 모습은 상상치 못한 광채를 뿜어낼 것이다.

3

다락방에 들어가기 위해서는 관문을 통과해야 하는데, 그 원칙을 복기해보면 이렇다.

첫 번째 원칙은 욕망의 집에 있는 1, 2, 3층의 물건을 다 갖고 올 수는 없다는 것이었다. 나는 이미 사회적 지위나 경제적 안정과 같은 것들에 대해서는 큰 기대를 버렸다. 직장인의 꿈은 직장에 없다는 것을 신병처럼 앓으며 깨달았기 때문이다.

두 번째 원칙은 인터뷰를 통과해야 한다는 것이었다. 그 주제는 "네 삶의 목적은 무엇인가." 그리고 "너는 왜 살고 있는가."였다. 나는 독립이라고 대답했다. 다른 사람들의 독립을 도우면서 나 스스로 독립하는 것이라고 스스로 대답했다.

독립이라는 생각은 어디서 얻었나. 반복해서 말하지만 나 스스로 깨달은 게 아니다. 내가 가야 할 길을 알려준 것은 조하리의 창 중 "보이지 않는 창"이었다. 내가 말하는 독립의 정신에 반향하는 사람들이 존재했고, 그들은 내 말에 영감을 얻었다. 그들이 내게 반응하는 과정에서 나는 내가 몰랐던, 하지만 사람들은 알고 있었던 그 영역이 보이기 시작했다.

나는 보통 사람들로부터 그들을 구별할 수 있었다. 그들은 나와 같이 신병을 앓고 있는 사람이었던 것이다. 우리는 원래 같은 병을 앓고 있는 사람을 한 눈에 알아볼 수 있다.

이 병을 앓고 있는 사람들은 내면의 목소리에 귀 기울일 줄 아는 사람들이다. **내 안의 목소리가 들리지 않는 사람은 병을 앓지 않는다.** 아무 소리가 들리지 않는 사람은 내 이야기를 따분하고 뜬구름잡는 이야기라고 생각한다. 내 안에서 어떤 목소리가 들리기 시작했다면 그 목소리는 누구에게나 비슷한 말을 하고 있을 것이다.

"네 자리로 돌아가."

"네 옷을 찾아 입어."

"거기는 네가 있을 곳이 아니야."

나는 이런 사람들에게 다가가 말하는 사람이었다. 내면의 목소리에 귀 기울이라고 알려주는 사람이었다. 네가 있을 곳은 여기가 아니라 다른 곳이고, 독립해서 온전히 자신으로 살아가라고 말하는 사람이었다. 이것은 귀로 듣는 소리가 아니라 마음으로 듣는 소리이다. 눈을 감아야 보이는 길이다.

누군가 내게 말했던 "영성"이라는 것은, 바로 이런 것이었다고 생각한다.

내 안에서 들려온 하와이에서의 목소리를 기억한다. 쓰라는 것이었다. 말하라는 것이었다. 나는 쓰고 말함으로써 방황하는 사람들에게 독립을 재촉하고 있었던 것이다.

여기에서 다락방으로 들어가기 위한 세 번째 원칙을 떠올려보자. 다락방 합격 여부는 공개하지 않는다. 인터뷰를 끝냈다면 통과 여부는 자신이 판단해야 한다.

톰 행크스 주연 영화 〈포레스트 검프〉에는 이런 대사가 나온다. 포레스트의 어머니는 임종 전 포레스트에게 운명을 따르라고 말한다. 포레스트는 자기의 운명이 뭐냐고 되묻는다. 그러자 그의 어머니는 이렇게 말한다.

"그건 너 스스로 깨달아야만 해."

그리고 나는 알 수 있었다. 나는 다락방으로 들어가는 인터뷰를 통과했다. 인터뷰를 본 것이 초여름 언저리였다. 그리고 지금은 늦가을을 지나 겨울이다. 나는 지금 책을 쓰고 있다.

책을 쓰는 지금 여기는 다락방의 작은 창문 앞이다. 여기서는 큰 나무가 바람에 흔들리는 모습이 보인다. 다락방에서는 방황하던 지난 날에 대한 연민을 느낄 수 있다. 방황을 끝낸 자만이 그것이 방황이었음을 알게 된다. 다락방은 그것을 굽어볼 수 있을 만큼 충분히 높다.

계단을 차근차근 올라왔다는 성취감 때문일까. 다락방에는 영혼의 충만함이 있다. 쉽게 마르지 않는 채움이 느껴진다.

아, 참.

훌쩍이던 여고생은 세상에서 가장 편한 자세로 벽에 기대어 책을 읽고 있다. 그 애가 여러분에게 안부를 전한다.

IV.
더 늦기 전에

흔한 두려움

여러분은 특별한 사람이다. 예상컨데 여러분은 지금도 크고 작은 방황을 계속하고 있을 것이다. 이 책이 여러분에게 가 닿을 수 있었던 것 역시 나와 여러분의 방황 덕분이다. 방황하고 목마른 사람이 아니고서야 왜 '이따위' 책을 사보겠는가? [1]

여러분이 계속 방황하고 있다면, 다락방으로 올라가기 전까지는 이 타는 목마름과 영혼의 갈증을 채울 수 없을 것이다. 왜냐면, 다시 한번 말하자면, 여러분은 특별한 사람이기 때문이다.

다락방을 올라가려면 인터뷰를 준비해야 한다. 인터뷰는 문제 은행 방식이 아니므로 아무도 해답을 알려줄 수 없다. 다만 이 까다로운 면접 통과를 위해 나는 특별한 비책이 담긴 쪽지를 내 사람들에게만 건넬 작정이다.

어떻게 보면 잔소리로 들릴 것이다. 그러나 내 애정은 쏙 빼고

---

1) 1층이나 2층에서 호화 생활을 꿈꾸는 이들에겐 다락방은 냄새나는 창고일 뿐이다.

방어적 혹은 공격적으로 듣는 분이 없길 기도한다. 이 잔소리는 잘 따지고 보면 애정 덩어리라는 것을 알아주었으면 한다.

다락방을 위해서 내 사람들은 책을 쓰거나[1], 유튜브를 하거나, 블로그를 시작해야 한다.

이 세 가지를 다 하면 인생은 반드시 바뀐다. 최소한 다락방 면접에서 창피당하는 일은 없다. 왜냐하면 책과 유튜브와 블로그를 하는 과정에서 내가 모르던 나를 만날 수 있기 때문이다. 여러분이 누구인지 단순히 짐작하는 것에서 그치지 않는다. 여러분은 각자의 "내 사람"을 갖게 되고, 그들이 여러분은 몰랐던 자아를 검증해줄 것이다. 그 사람들은 역할은 거기서 끝이 아니다. 여러분은 그 사람들과 힘을 모아 남은 인생을 살아가는 기쁨을 얻을 것이다. 물론 여러분도, 그들도 몰랐던 미지의 영역을 함께 열어가는 도반임은 말할 것도 없다.

그렇다고 이 세 가지를 단번에 시작할 필요는 없다. 하지만 내게 조언을 하도록 여러분이 허락한다면 난 이렇게 말하고 싶다.

이 세 가지 중 적어도 두 개는 했으면 좋겠다. 하지만 두 개나 세 개를 하기 위해서 할 일이 있다. **하나를 지금 시작하는 것이다.** 스포츠 경기에서 한 점씩 한 점씩 득점하는 것과 같다. 한꺼번에 점수를 얻는 것은 애초에 가능하지 않다. 그러나 이 하나를 시작하기에 앞서 여러분은 내게 불만을 토로할 준비를 하고 있을 것 같다. 사실 그것은 아주 흔한 두려움이다.

유튜브나 블로그를 권하면 으레 따라오는 반응이 있다. 그 중 하나는 사람들의 시선이다.

"주변 사람들이 나를 알아볼 텐데요."

"제 사생활이 공개되지 않을까요."

"저를 알아보면 생활하는 데에 불편하지 않나요."

본론부터 말하자면 이는 공주병이다. 혹은 왕자병이다.

사람들은 바쁘다. 여러분이 무엇을 하나 시작했다고 관심을 가져줄 사람은 많지 않다. 본인이 작은 쇼핑몰을 개업해본 사람이라면 이를 이해할 것이다. 지인들이 쇼핑몰에 들어와서 물건을 많이 사주는지, 아니면 축하한다고 한 마디 말하고 각자의 삶으로 돌아가는지를 본 사람이라면 알 것이다. 미안한 말이지만 사람들은 여러분한테 관심이 없다. 이 사실을 확실하게 알 필요가 있다.

유튜브를 심각하게 사업적으로 시작하는 사람들을 보라. 유입이 없어서 고민하는 사람들이 많다. 게중엔 관심을 받기 위해 남들이 보기엔 발광하는 사람들도 많다. 그렇게 해도 유입은 만족스럽지 못하다.

여러분이 사소한 개인사를 말하기 시작해도 이 세상은 미동도 하지 않는다.

만약 지나가는데 누군가가 "유튜버 아니세요?"라고 말하기 시작했다면, 그럴 확률이 굉장히 낮긴 하지만 여러분은 이미 꽤 많은 수익과 진정한 팬층을 거느리고 있을 것이다. 아마도 그런 관심은 두려움이 아니라 기쁨으로 바뀐지 좀 되었을 것이다.

그래도 믿을 수 없다면 조금 극단적인 실험을 해보라. 얼굴로을 일그러뜨리고 기괴한 소리를 내며 거리를 뛰어다니라. 그것을 찍어 유튜브나 블로그에 올려보라. 아마 한 달이 지나도 조회수는 한 자리 수일 것이다. 여러분이 뭐든 시작하게 된다면, 머지 않아 지금의 '흔한 두려움'을 "무지했던 과거"라고 부끄러워할 것이다.

나는 구독자가 3천 명 가까이 되지만 길을 가다가 누구 한 명 "마작가다."라고 하는 소리를 들어보지 못했다. 구독자가 3만 명이 되어도 마찬가지일 것이다.

여러분이 잘못된 것은 아니다. 흔한 두려움이다. 이 두려움은 현실을 잘 모르는 데에서 온다. 세상은 여러분에게 관심이 없다. 그렇다면 무엇이 두려운가.

이 두려움이 이해가지 않는 것은 아니다. 자신을 드러내는 데에 익숙하지 못한 사람은 더욱 그럴 것이다. 누가 내 비밀 수첩을

---

1) 이제는 누구나 책을 쓰고 유통할 수 있는 전자책 시대이다. 나는 독자들이 빠져나가기 좋은 핑계 "책은 아무나 쓰는 게 아니잖아요."를 반박할 수 있는 좋은 구실을 갖고 있다.

들여다 보는 것처럼 부담스러울 수 있다. 첫 발짝을 떼는 것은 언제나 그렇다. 하지만 기대수준을 좀 낮추자. 나는 기괴하고 자극적인 이야기를 만들어 내라고 말하는 게 아니다. 남들은 모르는 비밀스런 과거를 들춰내거나 자신의 아물지 않은 상처를 까뒤집어 보여주라는 것이 아니다.

그저 자신을 소박하게 드러내라는 것이다. 내 일상이나 내 생각. 내 의견이나 내 감상. 내 취미, 내가 좋아하는 것들에 대해서.

흔한 두려움은 일단 버려야 한다. 그 두려움은 가짜일 뿐더러 그것을 버리지 않으면 여러분은 계속 여기저기 기웃거리며 방황하고 있을 것이기 때문이다.

일단 시작하고 나면, 몇 번이나 말하고 있듯이, 그 보상은 아주 크다.

이야기의 힘

세상 사람들은 우리의 존재에 대해 관심이 없다.

하지만 우리가 제대로 된 이야기를 시작한다면 다르다. 대부분의 사람들은 가던 길을 가겠지만, 몇몇 사람들은 가던 길을 멈추고 우리의 이야기를 듣기 시작할 것이다. 이야기가 듣는 사람의 고민이거나 평소에 중요하게 생각하는 것들에 대한 것이라면 어떨까. 지나가던 사람은 아예 자리를 펴고 자리에 주저앉을 것이다.

우리가 드라마에 빠져드는 이유도 그렇다. 드라마의 다소 극단적인 상황에서 우리가 보는 것은 무엇인가. 우리 자신이다. 내 감정을 드라마의 상황에 대입해보는 것이다. 일종의 시나리오 훈련이다. 그 결과로 감정적인 카타르시스를 느낄 수도 있고, 미래에 닥칠 수 있는 고난에 스스로를 대비할 수도 있다. 자기계발서에서 이야기하듯이, 마음 속으로 이미지를 떠올리면 그 일을 실제 겪는 것처럼 몰입할 수 있다. 이런 이유로 우리는 뉴스를 보며

"희안한 일"을 겪은 이웃들 이야기에 호기심을 보이고, 공감을 하고 또 때로는 분노를 한다. 이웃의 불행에 귀 기울임으로써 내가 더 안전하게 살 수 있도록 주변을 점검하는 계기가 된다. 보이스피싱 피해자의 이야기를 듣고 나서는 노부모에게 전화를 걸어 신신당부를 하기도 한다.

사람들은 나한테 관심이 없지만 내 이야기에는 관심이 있다. 이야기가 갖는 힘이다. 그래서 나는 여러분에게 흔한 두려움을 이기고 자신이 할 수 있는 이야기를 슬쩍 던져보라고 말하고 있는 것이다.

"잡담"을 "이야기"로 바꾸기 위한 방법은 아주 간단하다. 이 원칙만 기억하면 된다. **이야기의 힘은 고난에서 나온다.** 좋은 스토리텔링에서는 고난과 좌절이 이야기의 핵심 역할을 담당한다. 내가 작가워크숍에서 계속 강조하는 이야기이면서, 세계적인 작가나 인문학자들이 주장한 내용이기도 하다.

살아오면서 고난이 없는 사람이 어디 있을까. 누구나 좌절을 겪는다. 힘든 시절을 보낸다. 고난은 사방에 널려 있으니, 심지어 부처는 삶은 고난이라고 말했을 정도다. 그러니 "나는 평탄하게 살아서 고난을 겪지는 않았어요."라고 말하지 않았으면 좋겠다. 부처도 인정한 마당에 우리가 억지로 강해보일 필요는 없다.

대단한 고난일 필요도 없다. 고난을 통해서 대단한 성취를 하지 않아도 좋다. 크다고 좋은 게 아니다. 우리 각자가 고유하듯이 모든 크고 작은 고난이 저마다 의미가 있다. 사람들은 여러분이 겪은 작은 고민과 고난의 순간에도 본능적으로 귀를 기울인다. 그것이 자신의 상황과 맞아 떨어지기만 한다면, 여드름이나 습진에 대한 고민이든 존재에 대한 철학적 절망감이든 그 크기는 같을 것이다. 이는 앞서 이야기한 대로, 사람들이 막장 드라마나 사건사고 뉴스에 관심을 기울이는 것과 동일한 원리이다. 그 힘든 시기를 겪고 개과천선하지 않았어도 좋다. 그냥 이런 힘든 시기가 있었다고 솔직하게 말하면 된다. 이것이 내가 말하는 "나를 드러내는" 아주 간단한 원칙이다.

　나를 드러낼 때엔 고난에게 주인공을 시켜주자.

　그 고난에서 태어난 것들을 담담하게 "이야기"하면 된다. 그것은 고통일 수도 있지만, 연민과 동정일 수도 있다. 개인적으로는 후회일 수도 있지만, 지금 비슷한 고민을 갖고 있는 사람들에게는 조언으로 바뀔 수 있다. 어쩌면 매우 단순하지만 뼛속까지 스며드는 공감일 수도 있고, 어떤 삶에 대한 경외일 수도 있다. 때로는 그냥 재미있는 이야기가 될 수도 있다.

　그러므로 자신의 고난을 때론 가볍게, 때론 진지하게, 가끔은 편안하게 회상하면서 들려주기만 한다면, 그것은 "좋은 이야기"가 될 수 있다.

좋은 이야기는 사람을 불러모으는 마법이 있다. 하찮아 보이는 우리의 이야기에 걸음을 멈춘 사람들이 있다면 환영할 일이다. 그 사람들은 "내 사람들"이다. 내 뒷모습을 거울로 비출 사람들이다. 이 사람들은 다락방으로 들어가는 길잡이이자 열쇠이며, 여생을 의지하게 될 사람들이다. 그저 내 이야기를 조금만 드러낸다면 말이다.

첫 번째 이유: 불행

50대가 행복한 노년을 위한 마지막 기회일 수 있다[1]. 변화해야 한다면 더 늦기 전에 시작해야 한다. 흔한 두려움을 이기고 자신의 이야기를 담담하게 드러내기 시작해야 한다.

자격증을 따거나 돈을 벌기 위해서 변화하라는 게 아니다. 더 나은 자신이 되기 위해 변화하라는 두리뭉실한 교훈도 아니다.

당신 삶에 대한 문제이다.

삶을 성공적으로 마무리하느냐 아니면 불운이냐가 걸려 있다. 삶의 의미를 찾느냐, 아니면 마지막 순간까지 방황하느냐의 문제이다.

딱 한 번만 더 말하겠다.

변하지 않으면 노년이 불행하다. 어느 점집에서 말한 게 아니다. 하버드의 연구진이 수십 년의 사회과학적 조사와 합리적인 분석을 통해 결론지은 것이다.

이렇게 말해도 위기의식을 느끼지 못했다면, 내가 말하는 사람들과 당신은 서로 다른 욕망 체계를 가졌을 뿐이다. 굳이 3층이나 다락방이 오르지 않고도 만족할 수 있다면 위기의식을 느끼지 않는 게 잘못은 아니다. 여기에 대해서는 당신도 나도 잘못한 게 없다.

그러나 위기감을 느꼈다면, 더 늦기 전에 내 이야기를 드러내야 한다. 첫 번째 이유는 불행하지 않기 위해서이다. 그러기 위해서 책, 유튜브, 블로그를 시작해야 한다.

---

1) 다시 한번 말하지만 50대라는 것은 한국 사회의 평균적인 출산 나이를 바탕으로 한 내 가설이다. 개인적인 환경에 따라 마지막 기회는 40대 중후반일수도 있고, 60대 초중반일수도 있다.

두 번째 이유: 디지털과 미래

김형석 교수는 100세가 넘도록 왕성한 활동을 하고 있다. 유튜브의 유명한 강연 프로그램은 물론이고 텔레비전 공중파에도 출연한다. "사람이 육십은 되어야 철이 든다."는 노교수는, 토크쇼와 강연을 통해 늙지 않는 비법을 공개했다. 그의 대답은 계속해서 일을 하고 그것을 통해 배우는 것이었다.

1부에서 언급한 책 〈행복의 조건〉에도 같은 내용이 나온다. 배움의 기간이 노년의 행복을 가늠하는 중요한 척도라는 것이다. 오랫동안 꾸준히 배울수록 노년의 행복에 가까워진다고 한다. 다소 의외이면서도 참신한 연구 결과다.

배워라. 끊임없이 배워라. 우리는 이런 격언에 익숙하다. 술자리에서, 드라마에서, 각종 자기계발서를 통해 하도 들어서 이제 배우라는 말이 지루하게 느껴진다.

배움은 좋은 것이다. 그러나 배움이 늘 환영받지는 못하는 데에는 이유가 있다. 시간과 노력이 든다. 때로는 돈도 많이 든다. 하지만 배움이 내 일상에 늘 직접적인 변화를 가져오지 않는다. 게다가 변화를 가져온다 해도 당장은 아니다. 이런 이유 때문일 것이다. 몇몇 사람들은 교육이라는 말에서 배신감이나 염증 같은 감정을 느끼기도 한다. 현대인들은 당장 효과를 가져오는 것들에 너무나도 익숙해져있기 때문이다.

내가 말하는 세 가지 도구는 일반적으로 말하는 교육이나 배움과 다르다. 별로 지루하지 않고, 우리 생활에 바로 변화를 가져온다. 디지털을 통한 교육은 즉각적이고 실용적이다.

어떻게 그럴 수 있단 말인가. 디지털은 삶의 한 부분이 되었기 때문이다. 디지털은 21세기에 우리가 소통하는 문법이다. 모든 일상이 디지털이다. 속도는 점점 빨라지고 있다. 앞으로는 사물인터넷이나 인공지능이 대세가 된다. 영화가 아니라 현실이다. 거대한 투자금액이 미래 분야로 몰린 지 오래다. 디지털은 이 문명을 움직이는 언어이다. 이를 배우지 않는다면 퇴물은 따놓은 당상이다.

그렇다고 우리가 코딩 같은 전문 기술을 배울 필요는 없다.

수많은 예시 중 내가 말하고 싶은 것은 바로 디지털 미디어이다.

전령이 말을 타고 두루마리 편지를 배달하던 시기를 지나 우리는 지구상에 있는 어떤 누구와도 실시간으로 이야기를 나눌 수 있는 시대가 되었다.

　디지털이 향하고 있는 곳은 우리이며, 그 맨 앞에 서있는 기술이 바로 디지털 미디어이다.

　우리 생활과 가장 근접한 미디어는 바로 유튜브와 블로그이다. 누군가는 여기에 인스타그램을 더하고, 다른 누군가는 트위터나 팟캐스트 또는 틱톡을 더할 것이다.

　디지털이라는 언어와 문법은 쌍방향이다. 그러므로 내 이야기를 드러내고, 누군가가 내 이야기에 멈추어 서기에 딱 좋은 만남의 광장이다.

　주파수가 맞아 떨어지는 기막힌 우연의 순간을 그려보았다.

　내가 허공에 대고 라디오 주파수를 쏜다. 아마추어 무선 햄(HAM) 이야기다. 주파수는 허공을 배회하다가 운좋게 누군가에게 잡힌다. 주파수는 소리로 변형된 것처럼 보이지만 사실은 그 이상이다. 그는 나라는 사람을 상상해볼 것이다. 하지만 상상은 때로 위험하다. 그 바탕이 현실에 있지 않고 상상하는 사람의 인식에 근거하기 때문이다. 우리는 만날 수도 있지만 약간의 위험과 부담이 따른다. 이것이 20세기의 언어이다.

21세기의 디지털 미디어는 다르다.

라디오 주파수를 허공에 쏘는 대신, 나는 생각하던 것을 블로그에 한 줄 적는다. 뭐 대단한 성명서는 아니고 그냥 아침 산책을 하다가 생각난 것들이다. 역시나 운좋게 누군가는 그것을 본다. 궁금한 것을 검색하다가 발견되거나, 블로그 지인이 공유했거나, 그게 아니라면 그냥 어떻게 하다보니 연결이 되기도 한다. 라디오 주파수가 필연적이지 않듯이 디지털 미디어도 그럴 때가 많다. 주파수가 소리로 바뀌듯이 내 글은 그의 마음에서 독특한 형상을 맺는다. 그는 내가 쓴 글을 통해 내가 어떤 생각을 갖고 있는지 추측한다. 내가 어떤 가치관을 갖고 있는지, 내가 소중하게 생각하는 것은 무엇인지 가늠한다. 그는 내가 자신과 아주 비슷한 사람이라는 것을 깨닫는다. 그는 댓글을 남긴다. 나는 그것을 본다. 나도 그를 알아본다. 우리는 친구가 된 것 같은 감정을 느낀다. 그는 내 사진을 보고, 나도 그의 사진을 본다. 내가 일상에서 짓는 표정을 보고, 동영상에서는 내 움직임을 본다. 그와 나는 블로그를 통해 지식과 통찰력을 얻는 것은 물론이요, 순박하고 깨끗한 산책길의 경험을 통해 서로의 상처를 보듬어주는 것 같은 위로와 희열을 느낀다.

이것이 디지털 미디어가 갖고 있는 문법이요 언어이다.

세 가지 열쇠인 유튜브, 블로그, 책쓰기를 배운다는 것은 교과서를 읽으며 교양을 쌓는 것과는 다르다. 새로운 언어를 배우는 것과 같다. 그리고 이런 실시간 쌍장향이라는 특징은, 배운다는 말에서 오는 지루함과 공허함을 날려버린다.

배우는 과정에서 누군가와 계속 소통한다. 따라서 재미있다. 우리의 삶은 그 순간부터 영향을 받는다. 변화한다.

게다가 유튜브와 블로그라는 플랫폼에서 "놀기" 시작한다면 배움은 일상이 된다. 놀기만 해도 배울 수 있다. 왜냐하면 유튜브는 계속해서 변화하며, 블로그 역시 그렇기 때문이다. 디지털 플랫폼은 새로운 기능이 추가되는 등 시대의 흐름에 맞추어 계속 진화한다. 인간의 욕망을 계속해서 충족시키기 위해서이다. 세 가지 열쇠를 배우고 그 판에서 놀다보면, 디지털의 흐름에 맞추어 자신도 계속 진화한다.

정말 그럴까? 나는 상상해보았다.

만약 2010년에 처음 블로그를 시작한 40대가 있다면 그는 어떤 모습으로 진화했을까. 블로그 활동에 굉장히 열성적이지는 않더라도, 한 달에 두어 번 정도 로그인하고 이웃의 글을 읽고 때로는 자신의 일상을 기록했다고 가정해보자. 그는 자신의 의도와는 상관없이 이런 지식과 통찰력을 얻었을 것이다. 관련 분야의 책이나 뉴스를 찾아보지 않았더라도 말이다.

　* 2009년 글로벌 경제위기가 사람들의 생활에 어떤 영향을
미쳤으며, 회복 과정에서 디지털이 얼마나 중요해졌는지 알게 되
었을 것이다. 그 사이 디지털은 4차 산업혁명이라고 부를 만큼
거대한 산업군으로 성장했고 실제 많은 사람들이 디지털과 관련
한 일에 종사하며 생계를 꾸리고 있다. 블로그 자체도 이런 환경
에 발맞추어 계속해서 새로운 기능 또는 앱을 선보였기 때문에,
사용자는 어깨 너머로 이 거대한 변화를 지켜볼 수 있었다.

　* 유튜브라는 것이 조금씩 유명해지다가 마침내 사람들의 일
상은 물론 사업하는 방식까지 바꾸는 과정을 지켜보게 되었을 것
이다. 뉴스에 유튜브라는 말이 등장하기 훨씬 전부터 이미 블로
그에는 유튜브라는 말이 뿌리를 내리고 있었다. 실제로 초기 유
튜버들 대부분은 블로거들이었다.

　* 온라인 디지털을 통해 예전에는 가능하지 않은 방식으로
돈을 버는 사람들을 목격했을 것이다 – PDF 파일을 판매하고,
블로그를 통해 협찬을 받고, 유튜브를 통해 영향력을 행사하고
돈을 버는 사람들 말이다. 이들의 주요 활동 무대는 블로그였고,

지금도 그렇다. 이들은 코로나19로 인해 사람들이 재택 부업을 찾기 전에, 이미 뭔가를 시작하고 있었을 확률이 월등히 높다. 코로나19는 이들에게 기회로 작용했다. 실제 이런 방식들을 전파하고 코칭하는 사람들 대부분은 코로나19 발생 이전부터 디지털 미디어에 친숙했다.

   * 은행 업무부터 관공서 업무, 그리고 쇼핑하는 방법까지 디지털화 돼 가는 동안, 블로거들의 "~하는 법"을 수없이 보았을 것이다. 그 방법에 대해 학습하는 것은 물론이고, 세상이 변하고 있다는 것을 피부로 느끼고 있었을 것이다. 만약 블로그를 하지 않았다면 지금 50대가 된 이 가상의 인물은 "카카오톡 하는 방법"을 배우기 위해 자식들이나 후배들에게 아쉬운 소리를 하고 있을지도 모른다.

   이게 다가 아니다. 이런 과정을 통해 사회 경제의 흐름을 읽는 통찰력을 얻었을 것이다. "디지털 세상이 왔다."는 내용을 책으로 읽는 사람이라면 얻을 수 없는 안목이다. 그동안 세상이 어떻게 돌아가는지 무관심했기 때문이다.
   물론 이런 흐름을 쫓아가지 못하는 사람들이 어떻게 도태되었는지도 그는 똑똑히 보았을 것이다. 도태라는 말은 경제력을 상실하는 것을 포함한다.

더 늦기 전에 책, 유튜브, 블로그를 시작해야 할 두 번째 이유
는 "올라타는 순간 디지털로 끊임없이 배울 수 있어서"이다.

세 번째 이유: 마르지 않는 인간관계

더 늦기 전에 책, 유튜브, 블로그를 시작해야 할 세 번째 이유는 인간관계이다.

이 글을 읽는 분이 사회 초년생이라면 지금부터 나오는 이야기를 잘 귀담아두길 바란다. 어쩌면 여러분의 인생 초반을 바꿀 수 있는 중요한 원천이 될 수 있다. 여러분이 사회 초년생이 아니어도 좋다. 나름의 경험을 통해 인간관계에 대해 스스로 정의한 바가 있다해도 지금부터 말하는 내용은 다소 새롭고, 경우에 따라서는 충격적이라고 느껴질 것이다.

반드시 기억해야 할 인간관계의 진실이 있다. 우리가 인간관계망은 세월이 지날수록 닳아 없어진다. 나이가 들면서 내 주변의 사람들이 어떻게 되었는지 돌아보라. 가족이나 친구, 혹은 그냥 지인이라도 상관없다. 병이 들어서 혹은 사고가 나서 세상을 떠났을 것이다. 혹은 별 이유가 생각나지 않지만 자연스럽게 멀어졌을 것이다. 10년 전과 비교해보면 그 차이가 극명해진다.

내가 알고 있는 사람의 수는 그렇게 조금씩 줄어든다. 그리고 10년 후에 그 숫자는 더 줄어있을 것이다. 우리는 점점 더 세상으로부터 고립되어 가고 있다.

다른 측면에서 생각해 볼 수 있다. 머릿수가 아니라 '관계의 질'이라는 관점에서 보자. 나이가 들면서 내 생활 반경이 줄어든다. 초등학교나 중학교 때처럼 다양한 배경의 사람들이 만날 수 있는 경우는 거의 없다. 왕성했던 친구들의 모임이나 시끌벅적했던 술자리는 자연스레 줄어든다. 내가 만나는 사람들은 비슷한 직종의 사람들일 확률이 많다. 예를 들면 광고업계, 제조업계, IT 개발자들… 더 단호하게 말하자면, 우리가 만나는 사람들의 배경이 혹시 "그 나물에 그 밥"은 아닌가?

그 나물에 그 밥.

당신의 인맥을 살펴보라. 비슷한 배경을 갖고 있는, 비슷한 일을 하는 사람들로 채워져 있지 않은가. 혹시 인맥 대부분이 '안양이나 의왕, 과천에 살고 있는 초등생을 둔 전업주부'라면 그것은 경고등이다.

인맥 대부분이 '지방 출신으로 수도권 대학을 졸업해 대기업에서 두 세 곳에서 일한 반도체 관련 연구원'이라면 그것은 경고등이다.

인맥 대부분이 '고등학교 때 미국이나 호주, 캐나다로 유학을 가서 대학을 졸업하고 돌아 온, 외국계 회사에서 일하며 이태원의 바 몇 군데에서 곧잘 발견되는 재무나 마케팅 직종 근무자'라면 그것은 꽤 심각한 경고등이다.

그 나물에 그 밥을 전문용어로 말하면 "네트워크의 근친상간" (Inbred Network) 이라고 한다.

근친상간은 생존에 불리한 돌연변이를 일으키며 진화를 역행시킨다.

'그 나물에 그 밥'을 전문가 집단, 전문가 네트워크라고 포장해서는 곤란하다. 비슷한 배경과 비슷한 일을 하는 사람들은 아주 비슷한 지식과 가치체계 그리고 사고방식을 갖게 마련이다. 그런 사람들끼리 계속 어울리고 소통하다보면 근친상간처럼 치명적인 결과를 낳는다.

진화의 역행이다.

자신들의 이야기에 매몰되어 그들의 지식, 가치체계와 사고방식이 틀림없다는 착각에 사로잡힌다. 확증편향에 빠진다[1]. 아니

---

1) 사이언스데일리에 (Science Daily) 따르면 확증편향은 (Confirmation bias) 이렇게 정의할 수 있다. "심리학과 인지과학에서 확증편향이란 자신의 생각을 증명하는 정보를 찾거나, 자신의 생각을 증명하는 방식대로 해석하려는 경향이며 통계 및 과학적인 오류를 불러일으킨다." 때로는 과거를 왜곡하여 기억하거나 관련 없는 두 사건이 연결되어 있다고 생각하는 환각을 일으키기도 한다.

나 다를까, 역사적으로 강력한 권력이나 패러다임을 와해시킨 것은 늘 자기 자신이었다.

그 나물에 그 밥으로 어울리는 인간관계는 머지않아 스스로를 붕괴시킬 수도 있다. 이를 인지하지 못한면 사람들은 자기와 비슷한 사람들을 만나기 위해 동문 업계 모임에 나갈 것이다. 인맥의 절대적인 수는 자연스레 줄어든다. 인간관계의 질 역시 빈약해진다. 따라서 비슷한 사람들과의 빈번한 교류가 증가한다. 인맥의 근친상간으로 세상을 보는 눈은 점점 더 오만해지고 편협해진다.

비슷한 업계 사람들끼리 사업을 위해 만나는 걸 근친상간이라고 비판하고, 내 지인들이 늙고 병들어 죽거나 나와 멀어지는 것을 개탄하다니. 세상은 본디 그러한 것이 아닌가?

그렇다면 바람직한 인간관계란 무엇인가.

하버드의 Brian Uzzi 교수와 Shannon Dunlap 교수의 공동 연구결과에 따르면 인맥의 구성을 획기적으로 바꾸는 방법이 있다. 취미 활동이다.

취미는 일과 다르다. 일은 좋아하지 않아도 해야 하지만 취미는 자신이 좋아하는 것이다. 취미는 계획적이고 의도적이라기보다는 내 마음이 시키는 일이다. 내가 아는 나인 에고 Ego 가 하는 일이 아니라, 내 안의 심연인 무의식 이드 id 가 갈망하는 일이다. 그리고 지금까지 설명한 바와 같이, 인간을 움직이는 것은 욕망이다.

그러므로 일의 연장선에서 인맥을 채워도, 혹은 우연히 정해진 사람들과 임의로 만난다고 해도 우리의 굶주린 영혼을 채울 수 있는 욕망은 채워지지 않을 것이다. 아니 오히려 그림의 떡처럼 우리의 침샘만 더욱 자극할지도 모른다.

취미. 더 넓게 이야기하면 "일이 아는 것"으로 만난 사람들은 다르다. 동기가 외부에 있지 않고 내부의 욕망에 있다. 같은 것을 원하는 사람들이 모였다면 설사 그들이 여러분과 정반대의 성격을 가진 것처럼 보이더라도 근본적인 욕망의 회로도는 매우 비슷할 것이다.

마음을 따라가고, 거기서 만난 사람. 그는 필요에 의해서 만난 사람들과는 마치 다른 종처럼 느껴질 것이다.

이렇게 만난 사람들과는 그렇지 않은 사람들보다 더욱 강력한 연대감, 이른 바 사람 냄새를 맡을 수 있다. 다양한 배경과 전문성을 가진 사람들과 열정을 (Passion Point) 나누는 행위는 강력한 연대감을 형성하기 마련이다. 이런 신뢰감은 필연적으로 정서적인 안정감을 만들어낸다.

인간관계가 노년의 행복에 크게 이바지한다고 말한 바 있다. 여기서의 인간관계는 비슷한 욕망의 회로도와 지도를 갖고 있는 사람들을 지칭할 것이다. **진정한 공감은 서로의 욕망을 이해할 때에 시작된다.**

이뿐만이 아니다. 다양한 사람들과 부담없이 열정을 나누는 행위는 자기 유사성의 늪에서 우리를 꺼내준다. 앞서 이야기한 '그 나물에 그 밥'인 사람들과 몰려 다니면 자기 유사성의 늪에 빠진다. 정보를 해석할 때에 자신이 믿는 것을 증명하는 방식으로 받아들이는 확증편향에 (Comfirmation Bias) 빠진다. 고집불통 꼰대 소리를 듣게 될 확률이 높아진다.

그러나 자기 자신을 객관화해서 보는 것은 쉬운 일이 아니다. 팔은 안으로 굽는다. 자기를 객관적으로 보는 사람들은 자기 인지를 높이기 위한 지적인 훈련을 거친 경우가 많다. 그러나 항상 그런 것은 아니다. 훈련을 거치지 않고서도 이런 관점을 가진 사람들도 있다. 그들에겐 공통점이 있다. 다양한 의견이 공존하는 인간관계망을 가졌다는 것이다. 이들의 인간관계는 '그 나물에 그 밥'이 아니라, 다양한 채소와 제철 음식으로 이루어져 있다. 자기 유사성의 늪에서 빠지지 않도록 스스로 견제하는 시스템이 구축되어 있다.

미국의 천재 노벨상 수상자 라이너스 폴링은 이렇게 말했다[1].

"뛰어난 생각의 비법은 간단하다. 많이 그리고 다양하게 생각하는 것이다."

    이런 사람들을 만나기에 가장 좋은 곳은 어디일까. 책과 유튜브와 블로그다. 이를 위해 2부에서 내 사례를 직접 들려주었다. 내가 어떻게 내 사람들을 발견했는지 기억해 보라. 나는 어떻게 평범한 직장인에서 마작가가 되었나? 내 사람들을 만났기 때문이고, 그들을 통해 숨겨진 나를 발견했기 때문이다. 그것은 모두 책과 유튜브와 블로그 때문이었다.

    나는 십 수년 간 사회 생활로 만났던 그 어떤 사람들보다 깊은 연대감을 경험했다. 이런 인간관계는 계속 쌓인다. 인간관계가 양적으로 고갈될 일이 없다. 질적으로 빈곤해질 일도 없다. 필요에 의한 관계가 아니라, 서로의 욕망을 공감하면서 이루어진 관계이므로 지속적이다.

    나는 내 사람들과 에너지를 주고 받으며 내가 살아있음을 느낄 것이다. 내 존재가 쓸모있다는 것을 문득문득 자각할 것이다.

---

1) 라이너스 폴링 Linus Pauling 은 1954년 노벨 화학상을 받았다. 그리고 1962년 다시 한번 노벨 평화상을 받았다. 리너스 폴링은 20세기 미국을 대표하는 천재 중 한 명으로 여겨진다. 한 인터뷰에서 그는 이렇게 말했다. "내 성공은 엄청난 두뇌력이나 행운이 아니다. 좋은 아이디어를 갖게 되는 최고의 방법은 아이디어를 많이 갖는 것이다."

이런 인간관계는 마르지 않는 샘물과 같다. 마르거나 썩지 않는다. 그 중 몇몇은 세상의 순리대로 자연스레 멀어지기도 할 것이다. 병들거나 늙어서 세상을 떠나기도 할 것이다. 하지만 신선한 인맥의 샘물은 유지될 것이다.

내 인간관계는 질적으로도 한 걸음씩 한 걸음씩 풍부해지고 깊어질 것이다. 나는 내 사람들의 영혼이 무엇을 원하는지 알고 있다. 내가 원하는 것과 같기 때문이다. 우리는 다락방을 원했던 사람들이고, 먼저 올라간 사람들과 올라가고자 노력하는 방황하는 사람들이기 때문이다.

더 늦기 전에 책, 유튜브, 블로그를 시작해야 할 세 번째 이유는 나를 알아주는 "마르지 않는 인간관계"이다.

내 말에 귀 기울이는 사람을 가졌는가. 내 영혼을 닮은 사람을 만났는가. 이들을 통해 우리의 영혼은 동반자를 찾게 되고, 행복한 노년에서 말하는 중요한 조건에 이르게 된다.

이 사실을 기억하자. 함께 존재한다는 것만으로 치유가 되는 사람들이 있다.

마음.

그 사람을 가졌는가 / 함석헌

만리길 나서는 날
처자를 내맡기며
맘 놓고 갈만한 사람
그 사람을 그대는 가졌는가

온 세상 다 나를 버려
마음이 외로울 때에도
'저 맘이야' 하고 믿어지는
그 사람을 그대는 가졌는가

탔던 배 꺼지는 시간
구명대 서로 사양하며
'너만은 제발 살아다오' 할
그 사람을 그대는 가졌는가

불의의 사형장에서
'다 죽여도 너희 세상 빛을 위해
저만은 살려두거라' 일러줄
그 사람을 그대는 가졌는가

잊지 못할 이 세상을 놓고 떠나려 할 때
'저 하나 있으니' 하며
빙긋이 웃고 눈을 감을
그 사람을 그대는 가졌는가

온 세상의 찬성보다도
'아니' 하고 가만히 머리 흔들 그 한 얼굴 생각에
알뜰한 유혹을 물리치게 되는
그 사람을 그대는 가졌는가

출처: 이치석, 씨알 함석헌 평전, 시대의 창, 2015. 2부 <꿈으로부터>에서 발췌.

네 번째 이유: 나는 누구인가

'나는 누구인가'라는 질문에, 확신에 차서 대답할 수 있는 사람이 얼마나 될까. 그런 의미에서 여러분은 아직 자신을 다 모른다. 나도 그렇다. 내가 조하리의 창에 대해 설명한 까닭이다.

당신은 발견되는 것이다. 발견되었더라도 그게 다가 아니다. 또 발견되고, 다시 발견되고, 재발견된다.

〈해리포터〉를 쓴 J.K.롤링은 스물 여덟에 싱글맘이 되었다. 비서 생활을 하다가 정보 보조금을 받을 정도로 생활이 궁핍했다. 그러나 자기를 다시 발견했고 서른 둘에 세계적인 작가가 되었다. 맥도널드를 세운 레이 크록은 밀크쉐이크 기계 판매원이었다. 맥도널드를 세운 것은 그가 쉰 둘이던 해다.

성공하기 위해 자기를 발견하는 것은 아니다. 자기를 발견하고 재발견하고 또 발견하다 보면 그 혜택 중 하나가 성공이다.

더 늦기 전에 책, 유튜브, 블로그를 시작해야 할 네 번째 이유는 나를 발견하기 위해서이다. 나를 발견하기 위해 깊은 산속에 들어가서 수행하는 방법이 있는가 하면 성격검사 같이 즉시 시행할 수 있는 간편한 방법도 있다. 자신의 과거를 들춰내서 그 안으로 들어가는 방법도 있다. 사냥개처럼 욕망의 지도 원점에서 거꾸로 냄새를 맡아가는 방법이다. 물론 여기에는 수많은 시행착오가 동반되어야 한다. 자기를 발견한다는 것은 이론이 아니라 실전이고, 이것이 진짜 발견인지 아닌지는 오직 자신이 검증해야 한다.

나는 이런 방법들 중 월등한 속도와 결과를 보장하는 세 가지 열쇠를 여러분께 제안하고 있다. 효율적이고 효과적인 디지털 미디어는 위에서 나열한 방법들과 함께 쓰인다면 금상첨화다. 하지만 지금까지 이야기한 내 경험담을 통해 책, 유튜브, 블로그가 자기 발견에 도움을 줄 거라고 생각했다면, 당장 시작하지 않을 이유가 없다. 앞서 이야기한 것처럼 디지털 미디어는 이론적이라기보다는 실생활에서, 실시간으로, 실용적으로 작동할 것이다.

한 번 책을 써보라. 희안하게도 사람들은 당신이 책에 쓰지 않은 내용에 대해 이야기할 것이다. 혹은 당신이 의도하지 않은 방식으로 책을 읽고, 당신이 무심코 흘린 부분에 감동할 것이다.

유튜브로 영상을 올려보라. 대부분의 사람은 지나치겠지만 몇몇은 멈추어 설 것이다. 여러분이 무엇을 의도했던 간에, 몇 사람은 여러분이 의도한 적 없는 파동을 느낄 것이다. 그 파동은 마음

속 깊숙한 곳에서 생기기 때문에 그의 마음 속에서도 한동안 없어지지 않을 것이다.

그는 당신을 만나고 싶어할 것이다. 만나서 할 이야기가 없겠지만 자신의 괴로움을 이해해줄 것 같기 때문이다. 그리고 만약 어떠한 이유로든 그와 당신이 만나게 된다면 무척 놀랄 것이다. 욕망 체계가 너무나도 비슷하기 때문이다. 신기하다고 놀라워하는 것도 잠시, 우리 같은 사람은 다른 곳에서는 이해해주지 않는 아웃사이더더라며 박수를 치며 공감할 것이다. 구구절절 설명하지 않아도 마음을 이해해주는 것처럼 느낄 것이다. 이는 지어낸 말이 아니다. 내가 운영하고 있는 공부방 사람들이 틈만 나면 하는 이야기다. 작가가 되고 싶어 나를 찾아오면 그 사람들끼리 리추얼처럼 (Ritual, 의식) 하는 이야기다.

블로그에 한 줄씩 적으라. 어떤 사람들은 당신이 무심하게 쓴 한 마디에서 빛을 발견할 것이다. 어떤 이는 깨달음을 얻을 것이다. 나 역시 그랬다. 내가 쓴 말은 결코 대단하지 않았다. 그런 일이 반복되면서 나는 "누구나 고유하고 가치가 있다."는 말을 신봉할 수밖에 없게 되었다.

당신을 완성시킬 마지막 퍼즐은 사람들이 찾아줄 수 있다. 사람들에게 비친 당신의 모습을 잘 들여다 보자. 그들이 당신에 대해 뭐라고 말하는지 듣자.

하지만 누가 와서 당신을 쿡쿡 찔러보는 일은 없을 것이다. 앞서 말한 것처럼 유튜브에서 나 좀 봐달라고 소리를 쳐도 관심을 얻기 힘드니 말이다. 먼저 자신을 드러내야 한다. 당신을 있는 그대로 드러내지 않으면, 단 한 마디도 듣지 못할 것이다.

발견되지 못한 당신의 일부는 어느날 악몽처럼 나타나 훌쩍일지도 모른다. 내게 찾아와 울던 여고생처럼.

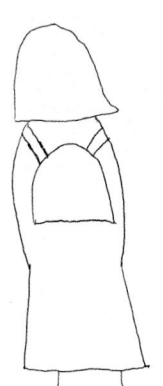

울지마
이제.
마음이.

다섯 번째 이유: 행운의 통로

이 세상에는 행운이라는 게 존재하는 것 같다.

"불행"이라는 것은 한 번 지나갔다 하면 그 존재감을 확실히 드러낸다.

행운이든 불행이든 간에 그것이 현실로 바뀌려면 촉매제가 필요하다. 나는 그 촉매제가 인간이라고 생각한다.

한 인간을 가장 거세게 흔들 수 있는 힘은 어디서 오는가. 운은 사람을 타고 오고 간다. 어떤 사람이 매개가 되어 부나 명예를 얻기도 하고 심신의 깨달음을 얻는다. 어찌되었건 그 가운데에는 늘 사람이 있다. 한 사람이 다른 인생을 처참하게 무너뜨리기도 한다.

풍년이 들려면 일단 씨를 뿌려야 한다. 씨를 뿌리지 않으면 풍년도 없고 흉년도 없다. 그러므로 행운이 내게 오기 위해서 여기저기에 물꼬를 터놔야 한다.

돈을 벌려면 사업을 해야 한다. 사업을 하지 않으면 성공도 없고 실패도 없다.

이윤을 남기려면 장사를 해야 한다. 최소한 돈이 다니는 길목에 서 있기라도 해야한다. 돈이 다니지 않는 길에 서있으면서 부자를 꿈꾸면 곤란하다.

그러므로 내게 길운을 가져다주는 사람을 만나고 싶다면 인맥이 흐르는 곳에 나 스스로를 갖다 놓아야 한다. 사람들은 일상에 중독되어 큰 그림을 보지 못할 뿐이다.

그곳은 어디인가. 책, 유튜브 그리고 블로그다.

이 곳에 여러분을 위치시킨다면, 마음만 먹으면 누구나 여러분에게 가 닿을 수 있다. 행운도 그렇다.

마냥 행운을 바라기 전에, 그것들이 흘러들어올 수 있는 길은 열어둬야하지 않을까.

여섯 번째 이유: 경제적 자유

책은 수익 자동화의 한 가지 방식이다. 이미 역사적으로 검증이 되었다. "자는 동안에도 돈이 들어온다." 요새 유행하는 말이다.

책으로 돈을 버는 시대는 지나지 않았나. 이렇게 생각할 수도 있다. 그렇지 않다. 오히려 더 주목을 받고 있다. 전자책 덕분이다. 종이책은 제작하기 위해 돈이 많이 들어간다. 제작비가 싸고 뚝딱 만들 수 있는 전자책이 대세다. 출판에 대한 문턱은 매우 낮아졌다. 내 책 판매 수익은 한 달에 백만 원을 넘는다. 애송이 작가인데도 그렇다. 적은 돈이 아니다.

책은 돈보다는 지식, 교양 그리고 영혼을 상징할 때가 많다. 내겐 그렇다. 책을 팔아서 돈을 버는 게 조금 얄팍하다고 생각할 수 있다. 책을 팔아서 돈을 벌었다니. 나는 왠지 모르게 자랑스럽지 않았다. 그러나 지금은 아니다. 나는 책으로 자기다운 삶을 가져올 수 있다는 사실이 신기하고 사랑스럽다.

책을 내면 꽤 큰 충격이 인생의 표면을 흔든다. 변화는 우리라는 존재를 뿌리째 흔들 만큼 근원적이다. 책을 팔아서 돈이 되는 것은 출판의 단면일 뿐이다.

책의 힘은 왜 근본적인가.

책은 평범한 사람을 작가로 바꾼다. 책을 쓰는 동안 작가는 큰 폭으로 성장한다. 책을 쓰는 과정을 통해 전문가가 되고, 사유와 고민을 통해 자신을 더 철저하게 인지하게 되기 때문이다. 이렇게 쌓인 전문성과 내공은 돈의 기초 공사에 해당한다.

책이 출판되고 나면 어떤 일이 벌어지는가. 책을 내면 군중 속에서 떨어져 나와 작가가 된다. 작가가 되면 그때부터 사람들이 여러분을 "작가님!"이라고 부른다. 책의 관점에서 보면 이 세상에는 작가와 독자, 두 부류 뿐이다.

독자가 작가를 보는 눈은 어떤가. 사람들이 작가를 볼 때엔 애정과 존경이 담긴다. 예쁘다 예쁘다 이런 말을 듣고 자란 아이는 자존감이 높아진다. 그런 자존감 때문에 표정이 온화해지고 사람들에게 친절하다. 밝은 기운이 돈다. 정말 예뻐지는 것이다. 이것이 피그말리온 효과다. 사람들이 자꾸만 여러분을 작가로 부르게 되면 비슷한 일이 생긴다.

작가는 전문가이기도 하다. 독자들이 여러분을 그 분야의 전문가로 인정하면 어떤 일이 일어나는가. 영향력이 된다. 영향력이 있다면 그것을 돈으로 만드는 것은 아주 쉬운 일이다. 코칭, 상담이나 강연은 영향력을 수익화하는 아주 즉각적이고 합리적인 방법이다. 세네카, 아리스토텔레스부터 토마스 홉스까지 역사적인 사상가와 저술가들도 그렇게 생계를 유지했다. 부잣집의 가정교사로 들어가고, 왕족을 가르쳤다.

책은 변화다. 살아있는 예시를 소개한다. 바로 나, 마작가다. 외국계 기업에 다니던 아무개 마케팅 부서 우두머리에서 마작가가 되었다. 그 사이에 한 일이라고는 직장을 그만두고 책을 쓴 것뿐이다. 모든 것은 여기서 출발했다. 내 본질은 변하지 않았다. 다만 나는 작가가 되었을 뿐이다. 사람들은 나를 작가님으로 부르기 시작했다. 모든 것이 뿌리째 바뀌었다. 나는 사람들에게 강연을 하고 상담을 한다. 이런 영향력은 돈이라는 형태로 바뀐다. 그 돈은 어떤 일을 하는가? 내가 계속해서 책을 쓰고 강연을 하고 상담을 할 수 있는 연료가 된다. 그렇지 않다면 나는 또 돈을 위해 쓸데 없는 일에 시간과 에너지를 써야하기 때문이다.

몇 권의 책을 제대로 기획한다면 누구나 책 판매로 백만 원 이상의 월 수익을 얻을 수 있다. 그 이상이 될 수도 있다. 세월이 흐르면서 책과 영향력은 누적되므로 수익은 점차 증가할 것이다. 하지만 핵심은 그게 아니다. 장기적으로는 백만 원이 작게 느껴질 만큼 큰 영향력을 갖게 될 것이다.

블로그가 돈이 되는 방식은 책보다 간접적이다.

블로그로 당장 수익을 낼 수 있는 방법은 아주 제한적이다. 몇 몇 온라인 강사들이 블로그 수익화라는 말로 자신을 홍보하지만, 나는 이 말에 혹하는 분들에게 경고하고 싶다. 이는 얄팍한 상술이다. 왜인지는 조금만 들여다 보면 알 수 있다.

블로그가 직접 그리고 당장 돈이 되려면 둘 중 하나다.

첫 번째는 글에 삽입하는 배너 광고다. 독자들로 하여금 블로그 포스팅에 있는 배너를 클릭하도록 유도하는 것이다. 독자들이 배너를 클릭하는 만큼 블로거는 광고비를 받게 된다. 내 티스토리 블로그는 일평균 150명 이상이 유입된다. 그리고 구글 애드센스 광고비로 매월 3,000원 정도가 적립된다. 이를 여러분에게 대입해보자. 월 10만 원을 만들어 내기 위해서는 하루 평균 6,000명이 방문해야 한다. 보통 사람이 정상적인 방법으로 일평균 6,000명의 방문자를 만드는 것은 현실성이 희박하다. 그렇다면 블로그를 통해 돈을 버는 사람들은 누구인가. 그들은 하루에 수 십 개씩 글을 쓴다. 사람들이 검색할 만한 것들만 쓴다. 목적은 검색을 통한 유입이다. 그러므로 그들의 포스팅은 여러분을 낚시하는 것이 목적이다. 전문성이나 진솔함은 필요하지 않다. 여기저기서 정보를 복사해다가 붙여넣는 경우가 많다. 나중엔 자기가 쓴 글이 맞는지 기억도 나지 않을 것이다. 그런 글을 하루에 수 십 개씩 써야 한다. 이런 글을 쓰다 보면 영혼이 소진될 것만 같다. 내 사람들은 손사례를 칠 것이다. 인생에 주어진 소중한 시간을 이렇게 쓰고싶지 않다. 물론 이렇게 돈을 버는 분들도 있을 것이다. 다만 그분들을 욕되게 하려는 의도는 아니다. 그들은 욕망의 체계에 있어 나와 내 사람들과는 다른 우선순위를 가졌을 뿐이다.

두 번째는 직접적인 협찬이다. 이를테면 공짜로 화장품을 받고, 거기에 대해 긍정적인 후기를 써주는 식이다. 공짜 제품을 쓰는 맛은 있겠지만 여기서 유의미한 소득은 기대하기 어려울 것 같다. 어차피 써야 할 비용 일부를 충당하는 정도에서 만족해야 할 것이다. 그러나 이렇게 협찬이나 지원을 받아 블로그를 운영하면 품질이 낮아지고 독자들에게 외면받는다. 이미 블로그 마케팅 전문가들이 그렇게 말하고 있다.

블로그를 통해 당장 수익을 기대해서는 안 된다. 블로그를 통한 수익화라는 말을 가려 들어야 한다.

블로그 수익화는 중장기적이고 근본적인 방식으로 접근해야 한다. 블로그를 통한 수익은 책보다 더 간접적이다. 책은 판매할 수 있지만 블로그 글은 판매할 수 없기 때문이다.

블로그는 어떤식으로 돈이 될까.

블로그는 영향력을 쌓아가는 데에 큰 도움을 준다. 책의 역할이 영향력을 만드는 주춧돌이라면, 블로그는 책이라는 주춧돌 위에서 자신의 영향력을 하나씩 쌓아 올려가는 과정이다.

블로그를 통해 책을 홍보하고, 블로그를 통해 강연을 모으고, 또 블로그를 통해 무엇인가를 판매할 수 있게 된다. 하지만 이런 영향력을 쌓기 위해서는 반드시 지켜야 할 원칙이 있다.

블로그의 일관성이다.

일관성이 높으면 협찬이나 광고도 정당화될 수 있다. 같은 주제에 대해 흥미가 있는 사람들은 여러분이 판매하는 것들을 광고로 생각하기보다는 정보와 권유로 받아들인다. 일관성이 있으면 판매도 권유가 된다는 말이다.

내가 평소에 블로그에서 말하는 것은 어느 정도 정해져 있다. 예를 들면 이런 것들이다.

"남의 삶이 아니라 자기의 삶을 살자."

"내가 주인공인 삶을 위해서 나 자신을 발견하자."

때로는 자신을 더 잘 경영하기 위한 좋은 방법들과 그 근거에 대해서도 이야기한다. 글을 쓰자고 부추긴다. 맨바닥에 헤딩하지 않기 위해서 경제적으로 연착륙하는 방법도 말한다. 스스로 치유하기 위해 자연과 고독의 숲으로 걸어가는 것에 대해서도 말한다. 어찌 보면 잡종 같지만, 잘 들여다 보면 나는 삶을 스스로 통제할 수 있는 자유와 자발성에 대해 말하고 있다.

이는 내 블로그의 독자가 누구인지를 설명해준다. 내 블로그를 중심으로 모여드는 사람이 누구일지 여러분은 어렵지 않게 추측할 수 있을 것이다.

내가 어느 날 빅터 프랭클의 책 〈삶의 의미를 찾아서〉를 협찬받아 그것을 홍보한다고 해도 나는 독자들에게 크게 원성을 살 것 같지는 않다. 내 블로그 독자들이 목말라 했던 부분이기 때문이다. 숲속에서 일주일 동안 소로우 선생처럼 살 수 있는 관광 상품을 판매한다고 해도 나는 떳떳할 것이다. 삶을 더 짜임새 있게 살도록 도와주는 다이어리와 필기구를 판매해도 마찬가지다. 나중엔 이런 도구들이 내 생계를 도와줄지도 모르는 일이다.

일관성이 없으면 무엇인가를 판매하는 순간 독자들이 떠나간다. 상업적인 냄새가 영 매캐하기 때문이다. 내가 기능성 미백 화장품을 협찬받았다고 생각해보면 쉽다. 나는 숲속에 있을 때엔 머리도 잘 안 감고 세수도 안 한다. 내 유튜브 독자들은 다 아는 이야기다.

즉 블로그가 돈이 되는 방식은 일관성 있게 쌓아올린 영향력을 통해서이다.

내 블로그로 유입되는 사람들은 계속 늘어나고 있다. 키워드를 검색하다가 내 콘텐츠를 알게 된 독자들이 삼 할이다. 유튜브에서 구독을 하게 된 분이 블로그 독자로 연결되는 게 또 삼 할이다. 다른 독자들이 내 소개를 해서 온 것이 삼 할, 마지막으로 내 책의 독자들이 블로그로 온 경우가 일 할이다.

그중 일부는 내가 쓴 책을 구매한다. 내게 컨설팅을 의뢰한다. 구독하지 않았던 분들은 내 유튜브를 구독한다. 내가 운영하는 프로그램을 신청한다. 예를 들어 작가워크샵을 통해 책을 낸 작가들은 거의 대부분 블로그 독자로 인연을 맺은 분들이다. 이런 일들은 모두 수익이 되었다.

블로그는 이런 식으로 돈이 된다. 책이 할 수 없는 영역을 보완하고, 영향력을 수익으로 만들어주는 주요한 창구가 된다.

행운이 들어온다면 이 창구 중 하나를 통해서 올 것이다. 그러나 창구가 없다면 어떨까. 행운은 내 주변을 맴돌다가 다른 곳으로 흘러가버릴 것이다.

유튜브 역시 돈이 된다.

뉴스에서 유튜브 부자가 연이어 소개되었다. 몇몇 사람들은 유튜브 수익에 대해 오해를 하는 것 같다. 유튜브로 수익을 내는 일은 책이나 블로그보다 더 어렵다. 특히 즉각적으로 수익을 얻기는 쉽지 않다.

유튜브에서 즉각적인 수익을 얻는 방법은 두 가지 경우이다. 첫 번째 방법은 광고 수익이다. 단돈 만 원이라도 광고 수익을 받기 위해서는 유튜브로부터 검증이 필요하다. 그 기준은 2021년 기준 구독자 1,000명 그리고 누적 시청시간 4,000 시간이다. 이 두 가지 조건을 만족시키면 곧 영상에 광고가 붙기 시작한다. 그리고 광고를 본 조회수에 비례해 광고비가 지급된다. 그러나 조건 달성이 어렵다. 개인적으로 내가 아는 사람들 중 이 두 가지 조건을 뛰어넘은 사람은 단 한 사람도 없다.

두 번째 방법은 직접적인 후원이다. 이 대상은 자동차가 될 수도 있고, 호텔이나 레스토랑이 될 수도 있다. 드라마 PPL과 원칙적으로 동일하다. 그러나 이 역시 쉽지 않다. 광고주들이 유튜브에는 블로그보다 더 까다로운 잣대를 갖기 때문이다. 블로그 시장에서는 광고주들이 일반 블로거들에게 협찬이나 지원을 하기도 한다. 꼭 인플루언서가 아니어도 된다. 광고주 입장에서는 검색량의 모수를 늘려 노출 기회를 증가시키는 효과를 노리기 때문이다. 하지만 유튜브에서는 그렇지 않다. 구독자수가 만 명 단위는 되어야 협찬이나 지원이 시작된다. 구독자 만 명이라니. 유튜브 광고를 얻는 것 이상으로 어려운 일이다.

이 두 가지 면에서 유튜브는 책이나 블로그에 비해 수익화가 어렵다. 나 역시 유튜브를 통한 직접 수익은 치킨값 정도다.

유튜브는 어떤 식으로 돈이 되는가.

유튜브는 영향력을 쌓아가는 통로이다. 타깃들이 여러분이라는 브랜드를 발견할 수 있도록 도와준다. 간판 같은 역할을 한다.

동네 음식점은 어떻게 맛집이 되는가.

사람들은 간판을 보고 들어온다. 음식 맛을 본다. 식당이 마음에 들 수도 있고 아닐 수도 있다. 어떤 사람에겐 허름한 인테리어나 구수한 주인의 입담이 좋을 수도 있고, 그런 것은 촌스러워서 질색이라는 사람도 있다. 그렇게 사람들은 자연스럽게 나뉜다.

남는 사람은 여러분의 팬이 된다. 내 사람이 된다. "내 사람들"이 찾아오는 이유가 꼭 배가 고파서는 아니다. 그들은 여기를 "내 음식점"이라고 생각해서 오는 것이다. 이 동네 음식점은 나를 이해하고 있는 것처럼 느낀다. 무엇보다 나를 공감하고 대변해주는 것 같은 느낌을 받다.

이 사람들은 여러분에게 관심이 있다. 여러분이 글을 쓰면 그것을 읽을 것이고, 사진을 올리면 그것을 볼 것이고, 영상을 올리면 그것을 시청한다. 여러분이 신메뉴를 만들면 먹어보고, 산지에서 고구마를 가져와 팔면 그것을 사고, 만약 여러분이 책을 내면 사서 보는 사람들이다. 이런 연결고리는 무한대로 확장될 수 있다. 여러분의 "내 사람"을 모으기만 한다면 말이다.

하지만 분명히 하자. 간판이 없으면 안 된다. 이 간판은 무형의 간판이다.

자신이 누구인지, 어떤 기호와 취미를 가진 사람인지를 드러내면 그것이 곧 간판이다. 드러내지 않으면 애초에 아무도 들어올 기회를 얻지 못한다. 앞서 이야기한 행운이 여러분의 주위를 맴돌다가 가는 것처럼 말이다.

은행 계좌가 없으면 돈이 들어오지 못하듯이, 여러분에게 미디어 채널이 없으면 "내 사람들"도 들어오지 못한다.

그렇다. 유튜브가 돈이 되는 방식은 블로그와 같다. 유튜브는 근본적인 영향력을 쌓을 수 있도록 도와준다. 음식점이 맛집이 되는 과정에서 지지자와 추종자들이 수익으로 바뀌는 것과 같다. 영향력이 수익화되는 것은 아주 간단하다.

유튜브와 블로그는 영향력이라는 비슷한 방식으로 움직이는 것 같다. 두 플랫폼은 엇비슷해 보인다. 하지만 타깃으로써 성격이 다르다.

월드컵 경기에서 우리나라가 중요한 경기를 한다고 가정해 보자. 여러분은 어떤 미디어를 통해 이 경기를 볼 것인가. 대부분의 사람들은 텔레비전 중계를 통해서 경기를 본 후, 블로그 검색을 통해 하이라이트를 볼 것이다. 하지만 사람마다 그 경로는 다를 수 있다. 종이신문, 스포츠 전문 블로거, 포털 사이트의 뉴스 서비스나 유튜브 채널 등 개인적인 취향이나 습관에 따라 달라질 것이다.

우리가 블로그와 유튜브를 다 갖고 있으면 좋은 이유도 이와 같다.

유튜브가 대세 미디어로 자리잡으면서 더 많은 사람이 몰리고 있다. 이를 무시할 수 없다. 사람이 몰리는 곳에는 새로운 기회가 있는 법이다.

다음 장에서 이야기하겠지만 유튜브는 지금보다 앞으로가 더 유망하다. 지금까지는 걸음마 단계에서 몇몇 인플루언서들이 성공을 맛보았지만, 앞으로는 대부분의 사람들이 유튜브 채널을 운영하는 시대가 올 것이다. 그 말을 다르게 해석하면 이렇다.

우리를 제대로 드러내기만 한다면, 유튜브를 통해 더 많은 "내 사람들"을 모을 수 있다. "내 사람"의 숫자가, 결집력이, 곧 영향력이다. 마지막으로 말하지만, 그것을 수익화하는 것은 크게 어려운 일이 아니다.

가장 중요한 이유: 삶의 의미와 다락방

1

이 시대의 등불과 선구자들은 모두 같은 곳을 비추고 있었다. 그것은 삶의 의미였다.

삶의 의미는 다락방에 있다.

다락방. 그것은 돈으로 허기진 영혼을 달랠 수 없다는 잠언이었다. 세속적인 것들을 따라 여기저기 기웃거렸지만 여러분은 아직도 방황하고 있지는 않은가?

그렇다면 이유는 하나다. 우리는 자신의 삶이 무엇인지에 대해 대답을 해야만 한다.

때가 왔다. 내 인생이 그 때를 맞이한 것이다. 이제 자신에게 맞지 않는 옷을 벗어던지고 내 옷을 찾아 입어야 할 때이다.

여러분의 인생은 이 순간이 오기를 기다리고 있었다.

축하한다.

여러분은 이제 인생의 껍데기를 벗고 변태할 준비를 시작해야 한다.

여러분 안에는 거룩한 욕망이 자리잡고 있었다. 그 씨앗이 싹을 틔웠다. 줄기는 높이 자라났다. 가지는 점점 두꺼워지고 뿌리는 사방으로 뻗어나갔다. 이것들을 담아두기엔 우리의 존재는 비좁다. 자라난 뿌리와 가지가 내면을 긁어대기에 이른다. 방황이라는 가려움은 깨달음을 종용하는 우리 내면의 메타포이다.

이제 우리의 비좁은 존재를 버릴 때가 왔다. 그것을 초월해야 할 때가 되었다. 내게 주어진 나가 아니라, 그 이상의 내가 될 때가 되었다.

삶의 의미란 무엇인가. 이 철학적인 물음을 일상언어로 번역하면 이렇다. 살아가는 데에 목적이 있는가. 너의 목적은 무엇인가. 너만의 고유한 색깔은 무엇인가. 너만의 독특한 냄새는 무엇인가[1]. 너는 왜 사는가.

그나저나, 내 삶에 어떤 목적이 있어야 하나. 예를 들면 어떤 것?

나도 모른다. 당신의 삶에 대해 다른 누군가가 뭘 알려줄 수 있을까. 삶의 목적은 선택지에서 고르는 것이 아니다. 나 스스로가 밝혀내야 한다. 한 사람을 평생 괴롭히는 주관식이다.

삶은 우리에게 목적을 원한다.

선택지가 없음에도 불구하고 어떤 예시를 들어야 한다면, 3장에서 말한 마작가라는 사람의 이야기를 다시 한 번 들려주면 어떨까 싶다.

"네 꿈은 무엇인가. 그리고 너는 세상에 왜 존재하는가."

마작가는 방황하는 사람들에게 글과 말로 영감을 주고 그들의 독립을 돕기 위해 산다.

내 인생에서 삶의 목적을 발견하는 행위, 그리고 그 목적을 통해 삶을 의미를 완성하는 과정은 브랜드의 탄생 과정을 무척 닮았다.

브랜드와 삶은 다르다고 반박할지도 모르겠다. 하지만 실제로 소비자들에게 사랑받는 브랜드는 이런 과정을 통해 태어난다. 자신의 목적을 발견하고 그것을 통해 의미를 완성시킨다.

이번에는 이렇게 반박할지도 모르겠다. 브랜드는 인위적으로 사람이 만들어낸 것인데, 어떻게 인간의 삶과 같을 수 있냐고.

브랜드 전문가로써 한 가지 중요한 단서를 보여주겠다. 이 단

---

1) 모교 교수였던 최진석은 이를 "비린내"라고 문학적으로 표현했다.

서라면 브랜드와 인간의 삶이 비슷하다는 추론이 가능하다.

브랜드는 사람들이 생각하듯이 처음부터 전략적으로 태어나지 않는다. 브랜드가 인위적으로 계획하고 설계해서 태어난 것은 아주 최근의 일이다. 처음엔 별 것 아닌 상품으로 태어난다. 특히 훌륭하고 오랜 명성을 가진 브랜드는 대부분 그렇다. 여러분이 가장 존경하는 명품 브랜드의 홈페이지에 가서 그 시작을 공부해 보면 좋겠다. 시작은 매우 미미했다.

현대 사회에서 기업가들은 브랜드를 만들어낸다. 강아지 이름 짓듯이 난 이런 브랜드로 할래, 라고 결정한다. 하지만 실패의 경험이 많은 사업가라면 조금 다르게 생각할 것이다. 내가 의도하는 대로 브랜드를 만들거나 움직일 수 없다는 통찰력이 있다면 말이다.

브랜드를 내 마음대로 할 수 없는 이유가 있다. 첫째, 브랜드는 실제가 아니다. 브랜드는 인식이다. 그 인식은 브랜드를 만든 사람의 인식이 아니다. 사용하는 사람들의 인식이다. 즉 브랜드에 대한 평판과 자산은 그 브랜드를 실제로 사용하고 경험하는 소비자와 독자 그리고 청중의 인식에 의해 만들어진다. 둘째, 사람들의 인식은 한 두 사람이 통제할 수 없다. 신제품의 99%가 실패하는 이유가 여기에 있다. 사람들의 마음을 내 의도대로 움직일 수 없다. 짝사랑을 보라. 사랑했지만 이혼하는 커플들을 보

라. 면접에서 떨어지는 사람들을 보라. 판매에 실패한 영업사원을 보라. 가난한 작가와 예술가를 보라. 고흐나 소로우 같은 예술가가 생전에 작품을 몇 명에게 팔았는지 알아보라. 세상은 내 의도와 다르게 흘러간다. 그렇다고 브랜드에 대해서 우리가 아무것도 할 수 없다는 말은 아니다. 나는 브랜드가 이미 갖고 있는 본질을 바꿀 수 없으며, 오히려 그 본질을 발견하고 정체성을 강화해주는 일이 더 순리에 따른 일이며 성공을 보장한다고 말하고 싶다.

대부분의 브랜드가 실패하는 이유는, 인생에서 실패로 절망하는 사람들의 이유와 같다. 우리에게 없는 본질을 만들려고 하기 때문이다.

인식은 계획하고 설계해서 되는 일이 아니다. 인식은 사람들이 해석하는 방식으로 흘러간다. 영화배우가 되고싶지만 사람들이 코미디언으로 인식하면 그게 본인의 정체성이다. 명품이 되고싶지만 사람들이 대중적이라고 인식하면 그게 그 브랜드의 정체성이다. 중요한 것은 사람들의 인식이다. 브랜드와 사람들이 주고 받는 의미는 한시도 가만히 있지 않고 끊임없이 변화한다. 브랜드가 생명을 가졌다는 메타포는 이런 뜻이다.

끊임없이 변화하는 브랜드와 소비자의 인식. 이것을 통제할 수 있는 방법은 매우 제한적이다. 있다 해도 그것은 단기적인 잔

기술일 뿐이다. 인식을 억지로 만들어가려고 하는 브랜드는 성공하지 못한다. 소비자의 마음에 작은 자리도 못 얻고, 자연스럽게 도태된다.

명성을 쌓은 브랜드는 다르다.

코카콜라는 소화제 같은 기능성을 강조하던 음료 상품이었다. 한 약사가 직접 만들었고 한 잔에 5센트씩 판매했다. 이제는 기쁨의 순간을 대변하는 브랜드가 되었다. 대략적인 과정을 추리하자면 이렇다. 사람들이 코카콜라를 마시는 상황은 대부분 맛있는 음식과 친한 사람일 경우가 많다. 한 천재적인 사업가가 이 상황에서 탄산이라는 기능과 즐거운 상황이 주는 그 순간을 포착해냈다. 그 순간은 무엇인가. 기쁨이다. 기쁨은 탄산의 톡 쏘는 물성적인 특징과, 사람들과의 즐거운 순간이 녹아들어 있다. 자, 이때부터 코카콜라는 소화에 도움을 주는 탄산 음료가 아니다. 코카콜라는 기쁨을 상징한다는 것이다.

브랜드의 가능성과 의미는 "발견"될 뿐이다. 사업가는 사업이 커지는 과정에서 이렇듯 의미있는 발견을 기점으로 브랜드를 더 날카롭고 분명하게 다듬는다. 그렇게 해서 진짜 브랜드가 탄생한다.

목적이 생기면 상품은 드디어 브랜드로 탈바꿈한다.

코카콜라는 자신에게 주어진 "탄산이 들어간 설탕물"이라는 한계를 벗어던진다. 그리고 사람들에게 행복을 주는 목적을 갖게 된다. 목적을 더욱 강화시키기 위해 코카콜라는 단순한 탄산 설탕물로는 할 수 없는 일들을 하기 시작한다. 사람들에게 기쁨을 선사하는 일마다 모습을 드러내기 시작한다. 응원전에서 자신을 드러내며 기쁨과 짜릿한 순간을 후원한다. 자신의 목적에 충실하기 위해 앞으로 나아간다. 지루한 일상에 기쁨의 순간을 주는 게 스스로의 역할이다. 이상하게 들릴지 모르겠지만 코카콜라는 자기에게 주어진 것을 초월하였다. 코카콜라는 단순한 탄산 설탕물이 아니다.

우리 개개인의 의미와 목적 역시 이런 여정을 따라야 한다. 운좋게 벼락부자가 된 사람을 보고 나도 저렇게 되고싶다고 생각하기 전에, 내 안에 어떤 본질이 있는지 알아야 한다. 나한테만 있는 향기와 목소리를 발견해야 한다. 그 결과로 우리는 자신을 경영하는 진정한 1인 기업가가 될 뿐더러, 이 책에서 계속 이야기하고 있는 다락방에서의 초월과 영혼의 풍족함을 느낄 수 있게 된다.

탄산 설탕물과 코카콜라. 소화제 음료와 기쁨을 주는 목적과 의미 중, **여러분은 무엇을 택하겠는가.**

2

훌륭한 브랜드는 무엇을 가졌는가.

"나는 어떻게 마작가가 되었나"를 통해 설명했던 내용을 요약하면 이렇다.

첫 번째는 사람이다. 좋은 브랜드는 모든 사람을 섬기지 않는다. 좋은 브랜드는 특별한 사람을 섬긴다. 이 사람들은 일반인들로부터 구별되는 특징을 갖고 있다.

다르게 말하면 이렇다. 좋은 브랜드는 모든 사람으로부터 사랑받지 않는다. 좋은 브랜드는 특정 사람들로부터 강렬하게 사랑받는다. 그렇게 느끼는 사람들을 우리는 "타깃"이라고 부르고, 나는 그 사람들을 "내 사람"이라고 부른다. 타깃에 해당하는 사람들은 그 브랜드에 대해 의미를 부여하는 사람들이다. 타깃들은 그 브랜드가 자신에게 특별하고 의미있다고 생각한다. 좋은 브랜드에는 이런 사람들이 존재한다. 반면 훌륭하지 못한 브랜드는 구매자는 존재하지만 이런 타깃들이 적다. 혹은 타깃을 일반인들과 구별할 수 없다. 두루뭉술하다.

두 번째는 주제이다. 좋은 브랜드는 모든 것에 대해 말하지 않는다. 좋은 브랜드는 모든 것을 잘하지 않는다.

세 번째는 비전과 목적이다. 좋은 브랜드는 꿈이 있다. 목적이 있다. 훌륭한 브랜드의 목적은 그가 섬기는 사람들을 돕는 것이다.

훌륭한 브랜드는 무엇을 가졌는가? 누구도 따라할 수 없는 자기만의 목적과 사명을 가졌다.

3

삶의 의미는 어디서 오는가. 우리는 이 질문에 대해 이야기하고 있다.

삶의 의미는 삶에 목적을 가지는 것에서 온다.

사람과 주제를 제대로 찾으면 목적은 자연스레 우리의 사명으로 다가올 것이다.

인간은 누구나 고유하다.

우리는 누구나 남들과 다르게 태어났다.

그러므로 이 세 가지 요소를 하나씩 검토하는 과정에서 나만이 할 수 있는 조합이 반드시 나올 거라고 생각한다.

훌륭한 브랜드는 발견된다. 그처럼 우리의 목적도 **발견**될 수 있다.

내 삶의 목적을 발견하려면 첫 번째로 사람이라는 요소를 확실히 하고 넘어가야 한다. 타깃 혹은 "내 사람"이다. 이들로부터 나를 발견해야 한다.

사람들로부터 나를 발견하려면 어떻게 하는가. 나를 드러내야 한다. 나를 드러내면 사람들은 그 모습에 대해 반응한다. 무반응도 반응이다. 쪼그리고 앉아 그 반응을 유심히 지켜보라. 일희일비 하지 말자. 그저 관찰하라. 모든 가능한 경우의 수를 다 펼쳐놓고, 낚시하듯이, 실험하듯이 관찰해보자. 그 언저리에 여러분의 파편이 숨겨져 있을 것이다. 조하리의 창에서 이야기한 대로, 또 다른 여러분이 거기 우두커니 서있을 것이다.

나를 드러내기 전에 이미 나에 대한 편견을 갖고 있다면 실험은 왜곡된다. 심리학에서 이야기하는 온갖 편향들 (Bias) 때문이다. 제대로 된 답을 얻으려면 모든 변수를 투명하게 펼쳐놓아야 한다. 아는 사람이 아닌 임의의 누군가에게 여러분을 드러내면 더할 나위 없다. 그래서 블로그가, 유튜브가, 책을 쓰는 일이 적합하다.

어떤 사람들이 내 모습에 끌려오는지 관찰하자. 어떤 사람들이 여러분에게 흥미를 느끼고, 영감을 받고, 공감을 하는지 관찰하자.

재미있는 일을 경험할 것이다. 여러분을 재료로 삼아 스파크를 일으키는 사람들이 세상에 존재한다는 것이다. 여러분이 존재한다는 것만으로 위로를 받는 사람들이 있다. 이 사실만으로 여러분은 유튜브를 하는 사람들이 "말을 하면서 위로를 받는다."는 뜻을 이해할 수 있을 것이다.

이 사람들을 정의할 수 있을 때까지 지켜보자. 군중과 다른 이들만의 특징을 구분해낼 수 있을 때까지 말이다. 여러분의 지지자를 구분하고, 일반적인 대중과 무엇이 다른지 정의할 수 있을 때까지 기다려 보자. 어떤 부류에 속하는 사람들이 여러분이라는 소재에 반응하는지 그저 지켜보고 관찰하면 된다.

보통 군중 속에서 "내 사람"을 구분하는 순간이 온다. 나는 감히 그 순간을 깨달음이라고 표현해도 될 것 같다. 그 깨달음은 여러분 각자의 "내 사람"이 누구인지 말해줄 것이다. 이 사람들은 훌륭한 브랜드의 세 가지 요소 중 하나인 **타깃**이다.

서로 의미있는 사람이 만났다면, 무엇 때문일까? 그 대답을 생각하다보면 곧 **주제**에 대한 실마리가 된다. 여러분만의 사람을 발견하고, 그들과의 공통된 분야를 찾았다면 거의 다 된 것이다.

그 사람들을 도우라. 그들이 더 성장할 수 있게 돕자. 공통된 분야가 그 도구가 되게 하자. 돕는 것은 꼭 기능적일 필요가 없다. 당신의 존재와 경험으로 그들을 위로하는 것만큼 큰 도움이 어디 있을까. 당신이 있다는 것만으로 큰 힘이 될 수 있게 만들자.

그 언저리 어딘가에 삶의 **목적**이 있다. 삶의 목적은 오직 주어진 나를 초월할 때에 발견된다. 많은 시대적 멘토들이 그렇게 말했다. 나도 그렇게 믿는다. 목적있는 삶은 비로소 의미를 갖게 된다.

삶의 의미를 발견했다면 잠시 그 곳에 멈추어 서자. 주변을 가만히 들여다 보자. 우리가 잘 알지 못했을 뿐, 등불이 그곳을 비추고 있었다. 이 시대의 사상가와 선지자들이 등불을 비추고 있었던 곳이다. 잘 보이지 않아서 가까이 불을 비춰서라도 사람들에게 알리려고 했던 철학자와 사상가들의 메시지이다.

삶의 의미가 왜 중요한가. 다시 한 번 말하지만 이것 없이는 허기진 영혼을 달랠 수 없고, 우리는 계속해서 방황한다. 말하기 무섭지만 최악의 경우엔 불행한 노후를 맞는다. 내가 한 말이 아니다. 연구결과가 그렇게 말하고 있다.

4

책, 블로그, 유튜브.

이 세 가지 도구는 삶의 의미를 향한 첫 걸음이다. 아주 훌륭한 첫 걸음이다.

이 도구들로 당신을 드러낼 수 있다. 가장 당신다운 모습으로 드러낼 수 있다. 유난을 떨지 않으면서 나를 조금씩 보여줄 수 있다.

그 사이에 여러분도 몰랐던 나를 발견한다. 사람들을 통해서이다. 조하리의 창에서 말한 "보이지 않는 창 Blind Spot" 그리고 "미지의 창 Unknown"을 들여다 볼 수 있게 된다.

더 늦기 전에 시작해야 한다. 책을 쓰기 시작해야 한다. 블로그에 적기 시작해야 한다. 유튜브에 말하기 시작해야 한다.

흔한 두려움은 아주 작은 장애물일 뿐이다.

더 늦기 전에 시작하지 않으면 불행해진다.

더 늦기 전에 시작하면 계속해서 배울 수 있다. 이는 행복한 노후를 위한 중요한 조건이다

더 늦기 전에 시작하면 내가 누구인지 알 수 있다.

더 늦기 전에 시작하면 행운의 물길을 트는 것과 같다. 주변을 맴돌던 행운이 다가오는 길을 내줄 수 있다.

더 늦기 전에 시작하면 경제적인 자유를 얻는다.

더 늦기 전에 시작하면 우리는 삶의 목표를 갖게 된다. 삶의 의미를 갖게 된다. 방황하던 영혼은 안식을 취한다. 허기진 영혼은 풍요로운 존재의 기쁨을 누릴 수 있다. 이 시대의 등불이 매달려 있는 다락방에서 말이다.

그리고 더 늦기 전에 정말 시작해야 한다. 50대가 이러한 변화를 만들 수 있는 마지막 기회이기 때문이다.

블로그의 목적에 대해 먼저 짚고 넘어가야겠다. 블로그에 대한 수많은 견해와 방식이 존재한다. 내가 권하는 블로그의 운영방식은 아주 간단하다.

블로그를 나를 드러내는 공간이다. 이를 통해 내 사람들을 발견하고, 그들을 통해 숨겨진 내 진짜 모습을 발견하고 완성한다.

잊지 말자. 우리는 다락방으로 가야 하는 사람들이다. 그곳의 아늑하고 심오한 냄새에 이끌리도록 태어난 사람들이다. 블로그 역시 그런 목적을 위해 사용해야 한다. 다락방을 찾아 가는 여정에서 나침반 역할을 하면 좋겠다. 블로그는 삶에 목적을 부여하고 의미를 끄집어내기 위한 도구이다.

블로그에 대한 세상의 다양한 소음에 휘둘리지 말고, 블로그에 대한 우리만의 목적을 분명히 하자. 블로그의 목적은 흩어져 있는 내 사람을 불러 모으는 것이다. 아무나가 되어서는 안 된다.

그렇지 않고 블로그의 숫자나 수익[1]을 목표로 삼는 순간, 여러분은 머지않아 블로그에 대한 흥미를 잃을 것이다. 무엇보다 블로그에 투자한 시간은 시간낭비가 될 확률이 많다.

우리에겐 시간이 많지 않다.

---

1) 블로그를 통해 직접적인 수익을 얻는 것은 현실적으로 가능성이 낮다. 혹은 "돈벌기 위한 노력"이 별도로 필요하다. 여기에 대해서는 4부 <더 늦기 전에> 여섯 번째 이유에서 언급했다. 우리는 쓸데 없는 것에 시간을 쓰기보다는 오직 4층 다락방에 올라 우리의 영혼을 풍요롭게 하기 위한 것에 목적을 두는 편이 낫다.

인생

저자:

마흔에.

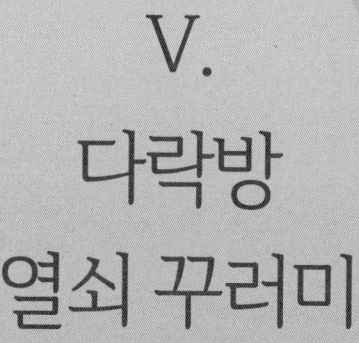

V.
다락방
열쇠 꾸러미

첫 번째 열쇠: 블로그

가장 먼저 해야 할 일은 네이버 블로그를 개설하는 일이다.

나는 네이버를 권한다. 우리의 목적인 내 사람 찾고 모으기에 가장 적합하기 때문이다. 네이버는 유입 측면에서 타의 추종을 불허한다. 그러나 규모가 다가 아니다. 네이버의 독특한 구독 문화 때문이다. 네이버는 구독을 "이웃"이라고 표현한다. 서로를 구독하는 것을 "서로이웃"이라고 하는데, 일종의 약속이라고 생각할 수 있다. 서로의 글을 구독하고 이웃이 되어주는 기브 앤 테이크 (Give And Take) 라고 할 수 있다. 이웃이라는 말처럼, 누군가를 구독한다는 것은 관심을 표현하는 일이기도 하다. 네이버가 아닌 다른 블로그 플랫폼에서는 이런 독특한 한국식 정서를 찾기 어렵다.

블로그의 겉모습에 대해서도 먼저 한 마디 조언을 하고 싶다.

블로그를 만들었다면 외형에 신경쓰느라 시간을 보내지 말자. 대신 글을 하나라도 더 쓰는 게 낫다. 블로그 운영의 목적을 잊지 말자.

여러분의 블로그가 보기 좋게 꾸며졌다고 해서 이웃이 되기로 결심한 사람이 있다면, 과연 그는 여러분과 함께 다락방으로 가기 위한 동반자일까? 아니면 블로그가 어떤 외형을 갖고 있던지 여러분이 적은 한 마디가 마음에 들어 여러분을 이웃으로 맞이한 사람이 진짜 동반자일까?

블로그 닉네임도 마찬가지다. 아무리 좋은 닉네임을 떠올린다 해도 이삼 일 후엔 싫증이 나거나 낯간지럽다고 생각할 확률이 높다. 닉네임 때문에 여러분과 이웃이 되거나 혹은 이웃이 되지 않는 사람이라면 그 역시 동반자가 되어 줄 확률은 낮다. 그러므로 애착이 가는 자신의 어렸을 적 별명이나 좋아하는 꽃 이름으로 시작하면 충분하다.

블로그의 목적은 자신의 사람을 찾아내고 모으는 것이다. 그리고 그 사람들이 여러분을 판단하는 기준은 온전히 여러분의 생각과 기호, 가능하면 내면을 드러내는 콘텐츠면 좋겠다.

여러분은 그 사람들로부터 여러분 자신을 보게 될 것이다. 그러므로 모여든 사람들이 여러분의 겉치레에 끌려 온 사람이 아니길 바라자. 외형이나 이름 따위의 겉치레에 신경을 쓰기보다 나다운 글을 하나라도 더 쓰는 것이 맞다.

블로그에 무엇을 쓸 것인가

블로그에 무엇을 쓸 것인가. 다른 사람들처럼 "자신의 분야에 대해서 쓰라"고 말하면 쉽다. 하지만 나는 여기에 대해서 조금 더 책임감을 느끼고자 한다. 자신의 분야에 대해서 알고 있는 사람은 이미 블로그를 통해 그것을 검증했을 것이다.

블로그를 통해 방황을 잠재우고자 하는 사람은 자신의 분야에 대해 아직 확실히 모르는 '탐험가 모드'라는 것을 나는 알고 있다. 따라서 무책임하게 "내면의 이야기를 쓰라"거나 "자신의 분야에 대해 쓰라"는 뻔하고 모호한 말 대신 나는 몇 가지 실용적인 주제를 제시하고 싶다.

큰 주제는 바로 "나"이다. 블로그에 탐험가 모드를 투사시키는 것은 훌륭한 아이디어다. 탐험의 여정 자체가 나를 드러내는 것이기 때문이다. 동네 맛집이나 신제품 리뷰에 대해 쓰는 글도 목적과 의도에 따라 의미 있을 수 있다. 하지만 개성이 담기기 어렵다. 동네 맛집에 대한 포스팅 1,000개 중에 내가 쓴 글을 가려

낼 수 있을 것인가. 혹은 내 사람들은 그 글 중에 내가 쓴 글을 골라낼 수 있을 것인가.

블로그에 무엇을 쓸 것인가.

첫째로 나라는 사람의 유형에 대해서 쓰면 좋겠다. 가장 대표적인 게 MBTI 검사이다. 인터넷 검색을 하면 간소화된 검사 질문이 나오고 여기에 대해 점수를 내면 내 성격이나 유형에 대한 결과가 나온다. 자신과 같은 유형의 사람들이 흔히 겪는 기쁨과 절망의 종류에 대해서 어느 정도 알 수 있다. 자신 같은 유형의 사람들에게 어울리는 직업을 알려주기도 한다. 이것을 글의 재료로 삼으면 좋다.

자신의 유형을 간략하게 소개하고 여기에 대한 자신의 코멘트를 다는 식으로 블로그 글을 써보자. 그렇게 하다보면 자연스럽게 "나는 이렇게 생각한 적은 없는데, 그러고 보니 예전에 이런 일이 있기도 했다."와 같이 개인적인 경험을 말할 수 있는 기회가 생긴다.

그렇게 생각난 에피소드 중 말할 거리가 많다면 잊지 말고 따로 떼어 놓자. 예를 들면 MBTI에서 나온 내 인간 관계 성향을 떠올리다가 "내 성장을 도왔던 사람들"이라는 주제가 나올 수 있다.

"그러고 보니, 나는 이런 사람들과 어울릴 때에 내가 살아있는 것처럼 느꼈어. 뭔가 마음을 이해받는 느낌이랄까. 아, 보고싶은 김과장님."

이런 아이디어는 하나의 독립된 블로그 포스팅이 될 수 있다. 하나의 글로 담기에 넘쳐난다면, 카테고리로 만들어 연재를 해도 좋다.

비슷한 검사로는 VIA, DISC, 애니어그램 등의 검사가 있다. 한 검사 당 네 다섯 개의 블로그 글이 나올 수 있다. 여기서 중요한 것은 검사결과 그 자체가 아니다. 검사 결과를 통해 자신에 대해 말할 기회를 만드는 게 중요하다. 자기를 드러내는 것 말이다.

이렇게 테스트를 통해 자신의 이야기를 하면 부가적인 효과도 얻을 수 있다. 블로그라는 디지털 미디어 특징 때문이다. MBTI에 대해 궁금한 사람이 검색을 통해 여러분의 글에 접근할 수도 있다. 혹은 어떤 직업에서 만난 사람이 키워드가 되어 검색될지도 모르겠다. 더 많은 사람이 여러분의 글을 볼 수록 여러분의 "내 사람"이 드러날 것이다.

글을 읽는 독자의 입장에서도 테스트를 통한 자기 이야기는 도움이 된다. 갑자기 자신의 이야기를 시작하면 독자를 놀랠 수 있다. 테스트는 객관적인 형식을 확보해준다. 독자들이 거부반응 없이 자연스럽게 여러분의 이야기에 몰입할 수 있다.

두 번째로는 인생 그래프를 그렸으면 좋겠다. 자신의 삶을 태어나서부터 지금까지 그래프로 그리는 것이다. 가로축은 시간이다. 왼쪽은 태어났을 때, 그리고 오른쪽은 지금이 된다. 세로축은 감정의 에너지다. 행복하고 고무적인 기간은 높이 위치할 것이고, 반대로 절망적이고 불행하다고 느낀 기간에는 바닥을 칠 것이다. 그것을 선으로 이은 것이 인생 그래프이다. 인생 그래프는 초등학교 교과서에 실릴 정도로 대중적인 프로그램이므로 조금만 검색해보면 실제 예시를 찾아볼 수 있다.

인생 그래프에서 중요한 것은 그래프의 높낮이 자체가 아니다. 자신이 왜 불행했는지에 대해 상처를 건드리는 것도 아니다. 인생 그래프의 목적은 우리 인생을 채운 다양한 에피소드와 글쓰기 소재를 찾는 것이다. 우리가 평소에 생각할 기회가 없어서 그렇지 한번 떠올리기 시작하면 아름답고 슬픈 기억들이 고구마 줄기처럼 이어질 것이다.

이런 기억들은 너무도 개인적이다. 그 이야기를 쓰는 것은 부적절하다고 생각할지도 모르겠다.

그것을 써야 한다.

한 번은 이런 일도 있었다, 라고 쓰는 것이다. 그 이야기가 교훈을 주지 않아도 좋다. 반드시 자신이 뭔가를 성취하지 않았어도 좋다. 나는 그것을 책으로 냈다. 내 첫 에세이 〈육림공원 원숭이>는 모두 그런 추억 이야기들이다. 이야기가 꼭 대단한 메시지를 가져야 한다고 생각하지 말자. 이야기에서 의미와 메시지를 발견하는 것은 독자다. 그냥 해본 말인데 독자는 큰 영감이나 감동을 얻을 수도 있다. "내 사람"을 불러내는 마법의 주문을 나지막히 읊조린다고 생각하면 그만이다. 너무 복잡하게 생각하지 말고 자신을 드러내는, 우리가 합의한 블로그의 목적에 충실하면 그만이다.

이런 식의 이야기는 누구나 삼백 개는 갖고 있다. 나는 확신한다.

<육림공원 원숭이>의 일부를 옮긴다.

내가 열한 살이나 열두 살 때였지 싶다. 강원도 인제에 아버지 소유의 산이 있었다. 아버지는 한 집에 산 관리를 맡겼다. 산 관리가 별 게 있나, 말이 관리지 그냥 사는 것이다. 우리 집에서는 그곳을 "인제산"으로 불렀다.

여름 방학으로 기억한다. 우리는 인제산으로 놀러갔다. 인제는 '인제 가면 언제 오나'라고 할 정도로 먼 곳이다. 지금도 인제에 가면 얼마나 시골인지 모른다. 온통 산,산, 그리고 계곡.

인제산의 "인제집"에는 나보다 한두 살 많은 형이 있었는데 이름이 '문호'였다. 그 형과 나는 궁합이 잘 맞았다. 금새 그 형을 '문어'라고 놀렸던 게 기억난다. 문호 형은 내게 처음으로 장기 두는 법을 가르쳐주었다. 생각해보니 내 머리가 나쁘지는 않은 모양이다. 한두 시간만에 장기를 다 배우고 '문어' 형과 장기를 두고 놀았다.

인제집 뒷편은 완만한 언덕과 계곡이 꿈속처럼 펼쳐지는 기름진 땅이었다. 나는 그곳을 아버지와 함께 탐험하였다. 여기엔 뭐가 있고 저기엔 뭐가 있는지 새 집을 구경하듯이 돌아다녔다. 그러다가 어느 조그만 실개천 언덕에서 아버지는 손가락에 끼워두었던 옥반지를 꺼내 내 나이 또래로 보였던 풋풋한 나무 가지에 그 반지를 끼워 넣었다. 아버지와 나는 신이 났다. 내년이나 내후년에 꼭 다시 와보자고 했다. 그리고 그 반지를 되찾아 가기로 했다.

"나무가 자라면서 반지를 부러뜨릴까? 아니면 그 부분만 오목하게 들어간 채로 자랄까?" 우리는 여러 가지 시나리오에 대해 떠들며 집으로 돌아왔다. 나는 집으로 돌아와 그 나무의 위치까지 그려놓았다.

그러나 아버지와 나는 인제산을 다시 방문할 수 없었다. 집 안에 벌어진 기억하기 싫은 사건들을 지나, 몇 년 후에 아버지는 세상을 떠났다. 나는 그 나무의 위치를 그려놓은 노트도 찾지 못하였다. 후일 인제산은 다시 누군가에게 팔렸다.

내가 죽어 아버지를 다시 만나게 된다면 우리는 산책처럼 손을

잡고 개울을 건너 그 옥반지를 찾으러 산천을 누비리라.

혹시나 강원도 인제 부근의 산 초입에서 옥반지가 끼워진 희한하게 굽어진 나무를 보거든, 제게 알려주세요.

처음부터 나에 대해 쓰는 것이 부담스럽다면 다른 방법도 있다. 내가 잘 아는 분야에 대해 쓰는 것이다.

잘 아는 분야라고 해서 오해하지 않았으면 한다. 박사 학위가 필요한 게 아니다. 보통 사람들보다 조금만 더 잘 알고 있으면 된다. 왕초보나 입문자에게 약간의 가이드를 해 줄 정도면 충분하다.

예를 들어 나는 자연에 있는 걸 좋아한다. 그러다 보니 자연스럽게 캠핑에 대해서 눈을 떴다. 캠핑 문화나 장비에 대해서 일반 사람들보다 풍부한 경험을 하게 되었다. 텃밭도 가꾸게 되었다. 그래서 나는 숲에서 보내는 일상이나 텃밭 가꾸는 것 같은 평온한 일상에 대해 글을 쓸 수도 있지만, 가끔은 캠핑 용품을 언급하거나 추천할 수 있다. 어쩌면 내가 직접 판매할 수도 있을 것이다. 자연이라는 내 분야는 취미일 수도 있지만 상업적으로 연계될 수도 있다.

또 다른 예를 들 수 있다. 나는 외국계 기업의 지도부로써 마케팅 간부 역할을 수행했다. 그 과정에서 외국인들과의 협상 방법이나 일하는 방식에 대해 잘 알고 있다. 면접을 100번도 넘게 봤기 때문에 면접을 보고자 하는 사람들이 주의해야 할 사항이나 팁에 대해서도 잘 알고 있다. 비록 내가 이 과정을 아주 즐겼다고 말할 수는 없지만, 자연스럽게 내 분야가 된 것이다.

이 정도면 내 분야라고 말할 수 있다. 대단할 필요가 없다. 그리고 여기에 대해서 글을 쓰면 된다.

내가 하는 이야기가 최고일 필요는 없다. 면접에 대해서 백 명이 글을 쓴다면 백 가지 방식이 나올 것이다. 또 그렇게 되는 것이 바람직하다. 정보만 나열하는 게 아니라, 내 관점에서 내 느낌대로 글을 쓰는 것이다.

지금까지 이야기한 세 가지 방법을 활용한다면 자신을 드러내면서도 효율적으로 글을 쓸 수 있다. 그 세 가지 방법은 나 자신의 성격에 대해, 내 인생의 기억할 만한 에피소드를 통해, 그리고 내 잠재적인 분야에 대해 쓰는 것이었다. 블로그에 글이 30개, 이웃이 100명이 되기 전까지는 이 방법만 활용해도 충분히 키울 수 있다고 생각한다. 비중은 2:3:5 정도면 적당한 포트폴리오라고 생각한다. 너무 개인적이지도 않으면서 지나치게 딱딱하지도 않은 블로그가 될 수 있다.

괜히 맛집이나 카페를 다니면서 몰개성한 글을 세상에 하나

더 없는 것보다 낫다. 여러분을 위해서도 미래의 "내 사람"을 위해서도 바람직한 일이다.

블로그 유입을 위한 세 가지 방법

　신규 유입은 미디어에 늘 미덕이다. 어떤 미디어 콘텐츠든지 많은 사람들에게 노출될수록 좋다. 노출이 많으면 그만큼 타깃 독자와 청중에게 가닿을 확률이 높기 때문이다. 타깃 독자가 만들어지는 첫 번째 단계는 그들이 우리의 존재를 알아차리는 것이다. 나 자신을 드러낸 글을 통해서 말이다.

　마케팅 스킬을 좀 빌리자면 유입을 위한 방법은 크게 세 가지가 있다. 노출의 모수를 늘리기 위해 이웃을 늘리고, 키워드를 설정하고, 백링크가 생기도록 노력하는 일이다.

　첫 번째 방법은 블로그의 이웃을 늘리는 것이다. 네이버는 내가 구독하는 사람을 이웃이라고 표현한다. 서로를 구독하는 관계는 서로이웃이다.

　서로이웃을 늘리는 것은 블로그를 키우는 방법으로 이미 널리 소개되어 있다. 서로이웃이 되었다는 것은 서로의 글을 보기로 약속했다는 뜻이다. 서로이웃이 되었다고 해서 모든 글을 읽는다고 보장할 수는 없다. 그러나 적어도 상대방의 새 글타래에 내 글이 나타나는 것은 보장된다.

이웃을 선별하는 작업은 신중해야 한다. 이웃의 숫자보다는 어떤 사람인지가 중요하다. 우리가 블로그를 하는 목적 때문이다. 우리는 블로그의 외형을 키워 상업적으로 뭔가를 팔거나 광고 수익을 추구하지 않는다. 우리가 블로그를 하는 목적은 우리의 사람을 찾아 모으기 위해서이다.

블로그 키우기로 유명한 몇몇 인플루언서들이 제안하는 방법이 있다. 인플루언서 자신의 글에 '좋아요'를 누른 사람을 찾아, 그 사람들끼리 서로이웃이 되라는 것이다. 자신의 강의에 대해 후기를 남긴 사람들을 찾아, 그 글에 좋아요를 누른 사람들끼리 서로이웃이 되라는 것이다. 이 방법을 사용하면 아주 쉽게 서로이웃 숫자를 늘릴 수 있다. 내가 'OO님 글 보고 왔어요("훗,이게 무슨 뜻인지는 당신도 잘 알 거야!").'라고 서로이웃을 신청하면 반드시 허락할 것임을 알기 때문이다. 반대로 내게 들어온 서로이웃 신청도 큰 고민 없이 수락하면 된다. 어디선가 비슷한 "지침"을 받고 찾아온 사람일 것이기 때문이다. 클릭으로 노동의 시간을 보내면 어느새 내 서로이웃 숫자는 늘어나 있다. 수 천 명에 이르는 블로그 이웃은 블로거들에겐 훈장과 영향력으로 인식된다.

이렇게 하면 블로그의 목적을 이룰 수 있을까? 우리가 바라는 "내 사람"과 "진짜 나 발견"이라는 목적에 도움이 되는 걸까.

이런 상황에서는 이웃이란? 그저 공장에서 찍어내듯이 이루어진 관계이다. 우리는 서로가 무슨 이야기를 하는 사람인지, 어떤 세상을 좋아하는 사람인지, 어떤 고민을 갖고 있는 사람인지도 모르면서 서로의 머릿수 채우기에 동원된 타인일 확률이 많다. 이런 이웃은 이웃이 아니라 행인이다. 그 사람들은 여러분이 무슨 말을 하든 큰 관심이 없다. 바꾸어 말하면 이렇다. 그들은 "내 사람"이 되기 힘들다. 그들은 '여러분도 모르는 자신을 발견하도록' 통찰력 있는 코멘트를 제공할 수 없다. 우리가 블로그를 하는 목적 어느 하나에도 도움을 주지 못한다. 결국 시간 낭비가 될 가능성이 많다. 물론 이렇게 서로이웃이 되고 나서 서로에게 소중한 인연으로 진화할 수 있다. 우연이다. 신의 뜻이 우연을 가장하고 우리에게 전달되기도 하지만, 타깃을 설정하는 데에 있어서는 그렇지 못할 것 같다.

그렇다면 이웃을 어떻게 늘리면 좋을까.

여러분의 고유성을 나타내는 키워드를 검색하고, 블로그에 이미 그 키워드로 글을 쓰고 있는 블로거를 찾자. 내가 블로그를 시작할 때에 가장 먼저 찾았던 키워드는 "월든"이다. 월든을 읽는 사람이라면 몇 가지 특징이 있을 거라고 예상했다. 우선 돈 버는 내용에 대해 말한 책이 아니므로 상업적으로 블로그를 운영하는 사람들을 걸러낼 수 있다. 월든은 인문학 고전에 속한다. 따분하게 느껴질 수 있는 인문학 고전을 읽고 그것을 블로그에 적는 사람이라면 몇 가지를 유추할 수 있다. 인생에 대해 진지하게 생각하는 일상 속 철학자일 확률이 많고, 아주 높은 확률로 내면의 목소리에 귀기울이는 사람일 것이다. 또 월든은 자연에 대한 이야기다. 자연 안에서 인간의 본질에 대해 사색하면서 쓴 일기다. 그런 월든을 읽고 블로그에 쓰는 사람이라면 작가 헨리 데이비드 소로우가 추구하던 가치에 대해 공감했기 때문일 것이다.

월든으로 검색을 하면 적지 않은 블로그 글이 검색된다. 나는 그 글을 하나하나 읽어 보았다. 그리고 내 이웃이 되어 서로 공감할 수 있겠다고 생각이 들면 서로이웃을 신청했다.

'저 역시 월든을 좋아하고, 그의 삶에 영감을 받아 반쪽짜리지만 숲속 생활을 하고 있습니다. 앞으로 좋은 글과 생각을 주고 받는 이웃이 되었으면 좋겠습니다.'

이렇게 발굴한 이웃은 모든 블로그 활동의 주춧돌이 된다. 결국 내 글을 보고 "반응"해주는 과정이 블로그 소통의 핵심이기 때문이다. 이렇게 반응을 해주는 사람들은 나와 비슷한 면이 있다는 신호이다. 글이 쌓일수록 더 큰 공감대가 형성될 수 있다.

계속해서 다양한 키워드로 이웃을 늘려가면, 무엇보다 "노출"을 통한 유입에 도움이 되고 내 사람들을 발굴하고 모으는 데에 직접적인 도움을 준다.

월든은 하나의 예시다. 꼭 대단한 필요가 없다. 캠핑 요리, 아이와 미술 놀이, 오래된 클래식 자동차, 홈트레이닝, 습작, 강의 듣기 등 작고 개성 있는 일은 다 좋다. 모래사장에서 조개 껍질을 찾듯이 이 작업도 참을성을 갖고 즐기듯이 하면 좋다.

두 번째 방법은 키워드를 설정하는 것이다. 블로그에 글을 쓸 때에는 사람들이 검색할 만한 키워드를 생각해야 한다. 같은 글이라도 키워드가 있으면 글이 많은 사람들에게 노출되고 유입에 도움을 준다.

내 성격에 대해서 MBTI 검사를 하고 그것을 블로그에 쓴다고 가정해보자.

제목: 내 안의 상반된 성격.

나는 직관적이고 차분한 성격 유형이다. 그런데 처음 보는 사람 앞에서는 언변능숙형 캐릭터로 보일 때도 있다. 사교적으로 행동해야 할 때에는 내 안에 있는 외향적인 요소가 나도 모르게 작동하는 것이다. 그래서 살다보면 사람들로부터 오해를 살 때가 있다.

처음 만났을 때에는 굉장히 사교적이고 외향적인 사람인 줄 알았는데, 어느 순간부터 조용하고 차분한 사람이 되는 것이다. 이런 내 기질을 모르는 사람은 내가 기분이 좋지 않거나, 아니면 뭔가가 마음에 들지 않아서 이렇게 행동한다고 오해하기도 한다.

개인적인 이야기라서 키워드가 들어갈 틈이 없다. 키워드는 곧 검색으로 바꿔서 생각할 수 있는데, 위의 글이 검색될 확률은 아주 낮다.

만약 내 글이 검색을 통해 "내 사람"에게 가 닿으려면 어떻게 해야 할까. 내 사람이라면 나는 이런 모습을 기대해 본다.

'자기 자신을 발견하고 싶고, 더 나은 자신이 되고 싶은, 내 안의 목소리에 귀 기울일 줄 아는 사색적인 면모가 있는 사람.'

그런 사람이 나를 발견하기 위한 것이 바로 키워드이다.

그러므로 나는 이렇게 바꾸어 쓴다. 앞에 쓴 글과 비교하면서 읽어보면 좋겠다.

제목: MBTI 성격 테스트 에서 상반된 성격이 모두 있는 나 - INFJ 와 ENFJ.

나 자신을 발견할 수 있는 좋은 방법 중 하나는 MBTI 테스트다.

나는 INFJ이다. 직관적이고 차분한 성격 유형이다. 그런데 처음

보는 사람 앞에서는 언변능숙형 캐릭터인 ENFJ 로 보일 때도 있다. 사교적으로 행동해야 할 때에는 내 안에 있는 외향적인 요소 E 가 나도 모르게 작동하는 것이다. 그래서 살다 보면 사람들로부터 오해를 살 때가 있다. 처음 만났을 때에는 굉장히 사교적이고 외향적인 사람인 줄 알았는데, 어느 순간부터 조용하고 차분한 사람이 되는 것이다. 이런 내 기질을 모르는 사람은 내가 기분이 좋지 않거나, 아니면 뭔가가 마음에 들지 않아서 이렇게 행동한다고 오해하기도 한다. 그러므로 MBTI 검사를 해석할 때엔 여러 가지 요소를 고려해야 한다.

바뀐 글에서는 "MBTI", "성격 테스트", "INFJ 유형" 같은 키워드가 사용되었다. 검색하는 사람이 키워드를 어떻게 조합하느냐에 따라 다르겠지만, 키워드가 없는 글보다는 노출과 유입에 대한 확률이 높아졌다. 적어도 이런 키워드를 검색한 사람은 **자신을 발견하는 일**에 관심이 있을 것이다. 다른 내 글에 대해서도 공감할 가능성이 높다.

세 번째 방법은 백링크가 생기도록 노력하는 것이다. 백링크 Backlink 란 하나의 웹사이트가 다른 웹사이트의 주소를 본문에 포함하는 것을 말한다. 쉽게 설명하자면 백링크엔 두 가지 방향이 있다.

첫 번째 방법은 내 블로그 글에 다른 웹사이트 주소를 넣는 것이다. "자세한 것은 이 링크를 눌러보세요."라고 말하는 것과 같다. 그렇게 하면 검색 포털에서는 내 글의 품질이 좋은 것으로 인식한다고 한다. 이런 논리를 우리는 알고리즘이라고 부른다. 알고리즘에 따라 좋은 글로 분류가 되면, 같은 키워드로 검색했을 때에 더 잘 노출된다.[1]

백링크는 반대로 작동하기도 한다. 다른 블로그나 웹사이트가 내 글을 인용하는 것이다. 이렇게 내 블로그가 인용되면 위의 사례와 마찬가지로 검색 순위에서 높은 가산점을 받게 된다. 하지만 진짜 혜택은 따로 있다. 내 블로그가 인용되면 나라는 존재가 생각치 못한 많은 사람들에게 노출될 수 있는 기회가 생긴다. 특히 내 블로그를 인용한 주체가 영향력 있는 채널이라면, 그 효과는 대단할 것이다. 말하자면 내가 유명 방송을 타는 것과 같다.

그래서 블로거들이 사용하는 도구가 "공유하기"이다. 자신의 블로그 글을 "공유"하면 혜택을 주는 이벤트가 그 예시이다. 그렇게 하면 자신의 글이 이웃을 통해 확산될 수 있다. 우리가 당장 공유를 부추기는 이벤트를 하지는 않더라도, 블로거들이 이런 도구를 어떻게 사용하는지 눈여겨 볼 필요가 있다. 기왕이면 내 글이 많이 읽히고 그 결과로 더 많은 유입을 가져오는 게 우리의 블로그 운영 목적에도 부합하기 때문이다.

블로그 유입을 위한 세 가지 방법 중 이웃 모수를 늘리는 것 그리고 키워드를 활용하는 것을 핵심으로 삼으면 좋겠다. 이는 디지털 미디어의 근본적인 문법이기에 화초에 물을 주듯 꾸준할 필요가 있다. 세 번째 도구인 백링크는 블로그 운영이 더 능수능란해지기 전까지는 가끔 주는 영양제나 거름이라고 생각하면 좋겠다.

블로그를 하는 과정에서 절대 잊지 말아야 할 원칙이 있다. 잔기술에 치우지지 말자. 블로그를 하는 목적을 잊지 말자. 블로그는 사람들이 내게 올 수 있는 창구이다. 나만의 방식으로 나를 드러낼 수 있는 곳이다. 그리고 그런 나와 같은 주파수를 가진 사람을 걸러내는 곳이다. 그 사람들은 거울이 되어 내 숨겨진 뒷모습을 비춘다. 우리는 그것을 통해 나 자신을 더 완전하게 발견하게 되며, 한 걸음 한 걸음 다락방 계단으로 올라가게 된다.

---

1) 검색 알고리즘은 구글이나 네이버의 내부 기밀에 해당하며 계속 진화한다. 우리가 이 내용을 정확하게 알 수는 없다. 내가 소개한 내용은 SEO와 백링크에 대한 전문가들의 소견에 근거하고 있다. 예시) https://www.searchenginewatch.com/2018/12/20/types-of-backlinks-seo-boosters

두 번째 열쇠: 책 쓰기

다락방 문을 열기 위한 두 번째 열쇠는 책이다. 나는 책을 많이 읽으라고 말하는 게 아니다. 글을 써서 책을 내라는 것이다.

책을 낸다구요. 누가요. 제가요?

그렇다. 책을 내는 것은 다락방에 올라가는 데에 있어 아주 중요한 열쇠이다. 내가 말하는 책은 전문서적이 아니다. 자신에 대해, 자신의 삶에 대해 무덤덤하게 말하는 에세이를 말하는 것이다.

책은 자신의 삶을 하나의 스토리로 풀어낸다. 스토리는 자신의 인생을 멀리서 바라볼 수 있게 해준다. 아마도 태어나서 처음 그 짜릿한 순간의 통찰력을 맛볼 것이다. 내 인생을 제 3자의 눈으로 바라볼 수 있다면 자신의 삶에 대해 색다른 시선을 갖게 될 것이다.

물론 쓰는 과정에서 희로애락을 맛볼 것이다. 잊고 싶은 아픈 기억을 어떻게든 복원해야 할 것이다. 하지만 그것을 어떻게 해석하느냐에 따라 다르다. 고난은 여러분만이 가진 삶의 고유성에 대한 상징이 된다.

삶으로 받아들이는 순간, 고난과 역경은 삶의 의미가 된다.

– 빅터 프랭클

자신의 잊고 싶은 고난을 마주하는 것은, 그것이 아무리 훈장 같은 것이라 해도 쉬운 일이 아니다. 고난을 삶으로 받아들이는 훌륭한 방법이 있다. 책을 쓰면 된다. 왜냐면, 책은 고난을 마주하면서 동시에 그보다 더 값진 것을 볼 수 있게 해주기 때문이다. 그 고난을 들어낸 자리에 무엇이 숨어있다고 생각해본 적이 있는가. 책을 쓰면 보게 될 것이다. 고난이라는 무거운 바위를 들어보자. 거기엔 잊고 있던 행복한 추억들이 들꽃처럼 피어 있다.

어른이 되고 나서 얼마나 자주 자신의 추억을 들춰보았는가. 아픔은 모른 채 하는 사이 딱쟁이가 된다. 그런 딱쟁이를 자상하게 부르고, 삶의 흔적 하나하나 이름을 붙여주고 그것을 긍정적으로 해석해 주자. 진정한 어른이 된 자신을 축하하는 의미로 그만큼 값진 일이 또 있을까.

흔히 말하길 전문가가 책을 쓰는 게 아니라 책을 쓰면서 전문가가 된다고 한다. 책을 쓰다보면 자연스럽게 한 주제에 대해 공부하고, 찾아보고, 곱씹어 보아야 한다. 누가 시키지 않아도 책을 쓰려면 자신만의 눈으로 대상을 해석해야 한다.

에세이도 마찬가지다. 자신을 잘 알아서 책을 쓰는 게 아니라, 책을 쓰면서 자신을 알아가는 것이다. 책을 쓰면 자기에 대한 전문가가 된다. 이처럼 응당한 말이 또 있을까. 자신에 대해 세상에서 가장 잘 알아야 할 의무가 있는 사람은 바로 자기 자신이며, 그것이 다락방으로 가는 기본 원칙이었던 것이다.

중이 자기 머리를 못 깎는다고, 우리는 스스로를 직시하지 못한다. 그래서 조하리의 창을 빌려 이야기한 것이다. 우리는 우리의 숨겨진 모습을 보려고 노력해야 한다. 그것은 아직 발견되지 않은 길과 같다.

우리는 스스로에 대한 전문가가 되어야 한다.

내 스토리를 드러냄으로써 얻은 "내 사람들"의 반응은, 스스로에 대한 재발견만큼이나 다시 한 번 여러분을 놀라게 할 것이다. 사람들이 갖고 있는 여러분에 대한 생각을 책을 통해 귀기울여 보라. 나는 확신한다. 여러분이 무엇을 상상하든, 사람들이 작가에 대해 갖는 생각은 여러분의 예측을 뛰어넘을 것이다. 그리고 그 예측 너머에 바로 발견하지 못한 여러분의 또 다른 얼굴이 있다. 그 얼굴은 거울처럼 우리를 향해 다가와 손을 내밀 것이다.

이런 과정을 거치게 되면 오직 작가만 느낄 수 있는 묘한 감정을 경험할 것이다.

나 스스로가 너무 대견한 것이다. 하지만 여러분은 이것을 남에게 자랑하고 싶지 않을 것이다. 작품을 쓰는 과정에서 여러분은 스스로와 무수한 대화를 나누었고, 이 기쁨은 고스란히 나 자신과 비밀스러운 추억으로 남기고 싶을 것이다.

이 감정과 깨달음은 주어진 자신을 월초하는 하나의 상징이자 연료로써 남은 인생에 작동할 것이다. "자존감"이라는 세속적인 언어로 지칭하기엔 부족한 면이 있지만, 아직 그만한 실용적인 단어는 찾지 못했다. 책을 내고 작가가 되는 순간 여러분의 인생은 전혀 다른 차원으로 작동하기 시작할 것이다. 그 증거는 나 마 작가이기도 하고, 작가워크샵을 통해 내 도움을 받아 책을 낸 작가들이기도 하다.

물론 책을 내야 하는 다른 이유들도 있다. 사회적으로 작가라는 지위는 사람들로부터 존경심을 불러일으킨다. 책을 냈다는 이유만으로 전문가라는 후광을 얻기도 한다. 경제적인 면도 있다. 책을 냈다는 사실을 초석으로 해서 물건을 팔 수도 있고, 사업을 일으킬 수 있으며, 남을 가르치고 강연을 업으로 하는 사람이 될 수도 있다. 하지만 이것은 사회경제적인 측면에서 책이라는 도구를 정의한 것일 뿐이다. 우리는 방황하는 내면의 목소리를 어떻게 달래고 진짜 우리를 찾는가를 말하고 있다. 책은 그런 질문에 답하는 아주 훌륭한 답이다. 다락방에 올라가 진짜 내 삶의 목적을 발견하고 음미하는 열쇠다. 사회경제적인 이득은 책쓰기의 부산물일 뿐이다.

책을 쓰는 방법

나는 책에 쓸 만한 이야기가 없어요.

이런 거짓말을 나는 무수히 들었다. 나는 이 말이 새빨간 거짓말이라는 것을 알고 있다. 우리의 인생은 개개인이 모두 고유하다. 그 고유성을 드러내기만 하면 우리는 모두 책 한 권씩의 인생 이야기는 갖고 있다. 나는 매우 확신한다.

사람들이 쓸 만한 이야기가 없다고 말하는 것은 "대단히 이룬 것이 없다."거나 "사람들에게 도움이 될 만한 지식이 없다."를 에둘러 표현했기 때문도 있다.

이 이야기를 들으면 책쓰기에 대한 부담이 조금은 수그러들 것이다.

책을 떠올리면 좋은 이야기를 써야 한다는 부담이 든다. 하지만 좋은 이야기란 별 게 아니다. 좋은 이야기란 고난에 대한 이야기이다. 내 책 <내 젊은 날에 보내는 비밀 레시피>에서 말한 것처럼, 좋은 스토리텔링이란 고난이다. 고난이 이야기 전체의 중심이 된다. 고난이 이야기의 핵심적인 역할을 한다.

내가 얼마나 힘들게 살았는지. 내 지난 세월이 얼마나 야속했는지. 혹은, 돌아보건데 참 어려운 시절이었고 그것을 견딘 것이 신기하다고 느껴지는 이야기들을 담담하게 써보라. 그것을 통해 여러분이 얼마나 처참했는지, 바보 같았는지, 어리숙하고 철이 없었는지 써라. 이제 어른이 되어 담담하게 말할 수 있다는 작은 행복감도 독자와 함께 나누라. 여기에 무슨 대단한 극복 노하우와 해결책을 제시하지 마라. 그럴싸해보이려고 드라마 같은 이야기를 갖다 붙일 생각은 하지 마라. 사람들은 솔직하고 담백하게 적은 여러분의 이야기에 마음이 움직인다. 그 감동은 여러분 인생의 고유성에서 온다. 억지로 갖다 붙인 장치들로부터 오지 않는다.

그냥 있는 그대로 들려주라.

좋은 이야기를 발굴하는 것이 처음엔 어렵게 느껴질 것이다. 여러분이 이야기를 들려주고 싶은 사람들은 누구인지, 여러분의 고유성을 드러내기 위해 어떤 고난을 중심이 놓을지, 그리고 이 책을 읽고 나서 여러분의 분야와 주제는 독자에게 어떻게 남을지를 생각해야 한다. 이는 작가워크샵에서 몇 주 동안 다룰 만큼 광범위한 작업이다. 하지만 이 역시 써야 "쓴 것"이 된다. 머릿속에서 끄집어 내야 책이 된다.

"그래, 내 고난은 이것이다."라는 생각이 들었다면, 제발 쓰기 시작하라. 블로그에, 유튜브에, 혹은 시대적 스승들이 그랬던 것처럼 일기장에 적어도 좋다. 다만 여러분이 작가로써 가져야 할 가장 중요한 의무는 "독자"를 마음 속에 두는 일이다. 이야기를 들려주고 싶은 사람을 떠올리며 그들의 언어로, 그들의 마음과 대화하듯이 쓰면 된다. 독자는 가장 중요한 의무이며, 신경 써야 할 단 하나의 감독관이다.

쓰기 시작하라.

살아 오면서 들려줄 만한 고난과 어려움은 누구나 있다.

그러고 보면 다락방에 올라간 사람 중엔 작가가 많았다. 그들이 작가여서인지, 아니면 다락방에 올라가려고 세상과 자신을 발견하는 과정에서 작가가 되었는지는 나도 잘 모르겠다.

책을 출판하는 방법

시중엔 예비 작가를 위한 글쓰기 수업이 많다. 글쓰기 수업을 들으면 책을 내준다는 곳도 있다. 그런 곳은 누구나 조금만 검색하면 찾을 수 있다.

역사적으로 보면 책을 쓰기 위해서 수업을 들은 사람보다 그렇지 않은 작가가 더 많다. 수업은 필수가 아니다. 책을 쓰기 위한 하나의 촉진제가 될 수는 있을 것이다.

매일 블로그를 썼다고 그것이 곧 책이 되는 것은 아니다. 우리가 매일 걷는다는 걸 근거로 마라톤에 나갈 수 없듯이. 물론 걷지 않는 사람보다 훨씬 유리한 것은 분명하다. 어찌 되었건 글을 쓰는 것과 그것을 출판하는 것은 다른 이야기이다. 출판하는 방법을 알고 나면 그에 걸맞는 글쓰기를 시작하는 데에 도움이 된다. 지나치게 복잡한 방법은 빼고 보통 사람들도 할 수 있는 세 가지 출판 방법을 소개한다.

첫 번째 방법은 이북 eBook, 즉 전자책을 내는 것이다. 여기서의 전자책은 발표 자료처럼 만든 PDF 문서 파일을 말하는 것이 아니다. 실제 요새 유행하는 PDF 문서는 파워포인트에 요점만 적거나 보고서처럼 목록과 두세 줄 정도의 간략한 설명만 적혀 있다. 전자책을 쓰기로 했다면, 그래서 작가가 되고 싶다면 스스로 이런 문서와 거리를 둘 필요가 있다. 정식 도서는 국제 표준 도서 번호인 ISBN 이 발급되어야 한다. 서점에서 팔리는 진짜 책을 말하는 것이다. 그래야만 사람들이 여러분을 작가로 인정한다. PDF 형태의 전자문서는 시간이 갈 수록 신뢰도의 문제가 생길 것이다. 돈이 된다는 소문이 돌면서 대학생들도 아르바이트 삼아 전자 문서를 내기 시작했다. 문제는 그 내용이 작가가 직접 경험하지 않은 채 인터넷에서 짜집기한 사례가 많다는 것이다. 때문에 신뢰도를 위해서라도 그리고 작가라는 하나의 상징을 얻기 위해서라도 정식으로 된 전자책을 출판하는 것을 권한다.

전자책은 비용과 노력 면에서 대단히 효율적이다. 컴퓨터 워드 프로세서로 책을 집필하고 클릭 몇 번이면 전자책으로 변환이 가능한 시대가 왔다. 전자책이 가져야 할 형식과 몇 가지 원칙만 지키면 된다.

기존의 출판 관계자들은 그렇게 하면 품질이 낮아진다고 펄쩍 뛸지도 모르겠다. 자신들이 하듯이 어렵고 복잡하고 비싼 전문가의 손에서 탄생하지 않은 전자책을 불편해 할지도 모른다. 하지만 나는 개인적으로 그리고 작가워크샵을 통해 이미 그런 식으로 전자책을 여러 권 만들었다. 수 백만 원 이상의 수익과 좋은 평판을 만들었다. 누구도 책의 품질이나 형식에 대해 언급하지 않았다. 왜냐면 2020년대의 디지털 기술은 이미 그 자체로 훌륭한 품질을 보장하기 때문이다. 출판업계의 보수적인 시선이 내겐 자기 밥그릇 지키기로 보일 뿐이다.

전자책을 제작하는 것은 개인이 충분히 배울 수 있다. 나 역시 유튜브와 블로그를 통해 독학으로 배웠다. 만약 문서를 전자책으로 바꾸는 것에 어려움이 있다면 합리적인 가격의 제작 대행업체를 찾으면 된다. 이 역시 인터넷에서 검색하면 다양하게 찾을 수 있다. 이제는 제작을 할 줄 몰라서 책을 내지 못한다는 것은 핑계가 될 수 없다.

제작보다 더 신경써야 할 것은 유통이다. 적어도 우리가 알고 있는 서점에서 팔려야 한다. 그래야 우리가 힘들게 책을 쓴 보람도 있고, 무엇보다 "내 사람"을 발견하고 그들로부터 우리를 발견하고자 하는 높은 차원의 목적을 달성할 수 있다. 자본주의에서는 책이 가져다 주는 부가적인 이익도 무시할 수는 없다. 책을 써서 생기는 사회경제적인 혜택을 충분히 누리기 위해서라도 우리가 쓴 책은 정식 서점에 입점되어야 한다.

인터넷 블로거 중에는 전자책을 대행하고 컨설팅해주는 사업자가 증가하는 추세이므로, "전자책 서점 유통" 같은 키워드로 검색하면 어렵지 않게 찾을 수 있다. 이런 사업자들은 여러분의 전자책을 대형 서점에 유통시켜주고 그 대가로 판매 수익의 일부를 가져간다. 내가 작가워크샵 출판 용도로 운영하는 페스트북 미디어 외에도 책내다 출판사, 부크크, 유이퍼 같은 자가출판 플랫폼이 있다.

두 번째 방법은 출판사에 투고하는 것이다. 가장 전통적이라고 볼 수 있다. 작가가 출판사에 원고를 보내는 "투고"다. 원고의 가치가 인정된다면 출판사는 작가의 원고를 책으로 상품화한다. 출판사의 의도에 따라 원고를 다듬고, 책을 제작하여 서점에 유통하고, 책이 잘 팔릴 수 있도록 마케팅과 홍보를 병행한다. 이렇게 팔린 책의 이익은 출판사가 조금 더 가져간다. 비용과 전문인력을 투자한 대주주가 출판사이기 때문이다. 작가는 저작권의 몫으로 인세를 받는다. 통상 책값의 8%에서 10%다.

투고를 하면 전문가들이 거의 모든 걸 알아서 해준다. 작가는 돈을 거의 들이지 않는다. 책을 쓰고 난 이후의 고민인 홍보까지 도맡아 하므로, 독자에게 널리 알려지기도 쉽다. 출판사 입장에서는 꽤 큰 돈을 투자하는 일이다. 흔한 말로 국산 중형차 한 대 값이 들어간다. 출판사는 책을 비즈니스로 접근한다. 투고한 원고들을 까칠한 눈으로 볼 수밖에 없다. 수 억 부의 소설을 판매한 조엔 롤링도 〈해리포터〉 출판을 여러 차례 거절당했다. 사실 출판사로부터 거절당한 유명 작가의 사례는 굉장히 많다. 한 번에 투고가 이루어졌다면 그게 더 이상할 정도다.

투고 출판의 단점도 있다. 기획 출판이라고도 한다. 책이 팔려서 수익이 나야 하는 비즈니스이므로 작가의 의도대로 편집되지 않을 수 있다. 때로는 과하게 상업적으로 포장될 가능성도 있다.

잘 나가는 작가가 되기 전까지는 출판사의 입김에 휘둘릴 수 있다. 고든 리시 (Gordon Lish) 라는 편집자는 레이먼드 카버의 소설 〈사랑에 대해 이야기할 때 우리가 이야기하는 것〉의 초안에서 절반 이상을 들어내 버렸다. 소설의 절반이라니! 결론적으로 이 소설은 미국의 대표적인 현대 단편 소설이 되었다. 하지만 모든 편집자가 고든 리시 같은 타고난 재능이 있는 것은 아니다.

세 번째 방법은 독립출판과 자비 출판이다. 출판사를 직접 차려서 책을 제작하고 유통하는 독립 출판에 대해 한 번쯤 들어보았을 것이다. 출판사를 세우고 서점과 계약하는 게 보통 일은 아니다. 그래서 출판사에 외주를 주는 자비 출판도 보편적이다. 자비 출판은 출판사의 전문 인력에게 대행을 맡기고 이에 대한 비용은 작가가 부담한다.

독립출판과 자비출판을 투고에 실패한 작가들이 쓰는 방법이라고 생각한다면 틀렸다. 〈언어의 온도〉로 베스트셀러 작가가 된 이기주 작가는 독립 출판으로 성공했다. 〈월든〉을 쓴 헨리 데이비드 소로우 역시 그의 첫 책 〈콩코드강과 메리맥강에서 보낸 일주일〉을 자비 출판했다. 19세기 낭만주의 시인 윌리엄 블레이크, 영국이 낳은 소설가 찰스 디킨스, 미국 모더니즘의 대문호 T.S. 엘리엇, 아일랜드의 문인 제임스 조이스, 대중소설가 스티븐 킹, 마르셀 푸르스트, 톨스토이, 버지니아 울프는 모두 자비로 출판했다.

이들의 사상이 너무 앞서가서 당시 출판사들에게는 헛소리로 들렸거나, 아니면 출판사에서 이들의 고유한 사상을 대중적인 입맛으로 바꾸려고 했거나.

이 세 가지 방법 중 하나를 결정하는 것은 어려운 일이 아니다. 비용은 0원인 전자책부터, 합리적인 종이책 비용이라면 500만원 선까지 다양하다. 그러므로 책을 만드는 것은 크게 걱정할 필요가 없다. 잔걱정이다. 중요한 것은 책을 쓰는 것이다.

세 번째 열쇠: 유튜브

저더러 유튜브를 하라고요?

그렇다. 우리는 유튜브를 하지 않을 이유가 없다.

유튜브를 해야 하는 이유는 4부 〈더 늦기 전에〉에서 말한 일곱 가지 이유와 같다.

불행에서 우리를 구해준다. 행복하게 해준다.

내 사람들을 찾고, 그들을 통해 나를 발견하게 해준다.

다락방으로 인도한다. 그 문을 열 때에 비로소 불행을 계단 밑으로 차버릴 수 있다.

"그건 그거고, 나더러 유튜브를 하라는 말입니까. 지금?" 자기도 모르게 이렇게 생각했다면 4부로 돌아가 〈흔한 두려움〉을 다시 한번 읽자. 이런 두려움은 흔하다. 흔하고 별 것 아니다. 사소한 걱정은 극복하기 쉬운 법이다.

일곱 가지 이유를 계속하자.

유튜브를 하면 우리는 계속 해서 배우게 된다. 기술을 배우고 사람들과의 교류를 통해서 배운다. 함께 하는 사람들은 고스란히 내 노년까지 이어진다. 왜냐면 서로가 서로를 알아 본 특별한 사이이기 때문이다.

유튜브를 하면 나를 발견하게 된다. 나도 그랬다. 이는 유튜브에 대해 잘 알려지지 않은 엄청난 혜택이다. 내 존재가 사람들을 통해 거울처럼 반사되어 올 때 인생의 대발견이 이루어진다.

유튜브가 행운의 통로가 되어 귀인을 만나거나 경제적인 보상으로 연결될 수도 있다.

무엇보다 유튜브는 다락방으로 우리를 인도한다. 다락방 방문을 여는 열쇠 꾸러미 중 하나다. 우리를 드러낼 수 있는 여러 방법 중 하나이고, 사람들을 불러모을 수 있는 개성 있는 통로 중 하나다.

유튜브를 하면 사람들이 나를 알아보지 않을까.

사람들이 자신을 알아볼까 두렵다면 4부의 〈흔한 두려움〉을 또 읽어자. 나는 그런 걱정에 대해 공주병이나 왕자병이라고 적었다. 사람들이 여러분을 알아볼까봐 두려운가? 유튜버들의 핀잔을 들어 마땅하다. 우리는 로또 복권이 되지 않는 것을 걱정하지, 복권을 사면서 벼락부자가 되는 것을 미리 두려워하지 않는다.

여러분은 블로그나 인스타그램을 하는 게 창피하다고 생각한 적이 있는지 모르겠다. 아마 그렇지 않을 것이다. 누구나 블로그를 하고, 누구나 인스타그램을 하기 때문이다. "저 사람이 인스타그램을 한대."라고 수근대는 일은 없다. 스마트폰을 사용하는 게 혹시 창피하다고 생각한 일이 있는지 모르겠다. 처음 스마트폰이 나왔을 때 몇몇 초기 유저들은 사람들로부터 유별나다는 눈총을 받았다. 지금은 오히려 폴더 폰이 특별하다.

유튜브 역시 그렇게 될 것이다. "저 사람이 유튜브를 한대."라고 말하면 촌스러운 사람이 될 것이다. 누구나 유튜브 계정을 갖게 될 것이다. 주변 사람들에게 혹은 모르는 사람들을 위해, 좋아하는 카페에 가는 모습을 유튜브로 공유할 것이다. 때로는 유튜브를 통해 상품을 권유할 것이다. 이미 쿠팡 파트너스 같은 제휴 마케팅은 (Affiliate Marketing) 큰 규모로 성장하고 있다.

지금 유튜브를 시작하는 것은 여러분이 어색해서 그렇지 전혀 이상할 게 없다. 몇 년 앞서갈 뿐이다.

지금 초등학생들은 네이버나 구글이 아니라 유튜브에서 정보를 찾는다. 초등학생들은 카메라에 대한 거부감이 없다. 자기들끼리 영상을 찍는 것은 하나의 놀이가 되었다. 누구도 "어머 쟤 좀 봐, 영상 찍는다."라고 말하지 않는다. Z세대가 사회 주요 구성원이 되면 나머지 세대에도 영향을 미치게 되어 있다. 결국 사회 전체가 그렇게 될 것이다. 영상과 유튜브로 생각과 일상 그리고 라이프스타일을 공유하는 것이 기본 중의 기본이 될 것이다. 여러분은 조금 일찍 미래의 평범함을 경험하는 것뿐이다. 물론 시간이 더 흐르면 밝혀질 것이다. 여러분이 동료들을 앞서갔다는 사실 말이다.

누구나 유튜브를 사용하게 된다면 개개인이 미디어로써 더 자주 노출된다. 우리의 모습이 많이 노출될 수록 더 많은 "내 사람들"이 유입한다. 내 사람들이 왜 중요한가. 그 사람들이 내 참모습을 알려주고, 나를 다락방으로 올려주는 연료이기 때문이다. 뿐만 아니다. 그 사람들이 내 노년의 행복의 근원이 될 것이며, 나아가서 내 경제적 입지의 초석이 될 수 있기 때문이다.

유튜브 어떻게 시작할 것인가

막상 유튜브를 시작한다고 생각하니 이런 걱정들이 떠오를 것이다. 나 역시 그러했다. 1년 남짓한 기간에 100개가 넘는 영상을 올려보니 이런 생각이 든다.

1. 촬영 장비에 대한 걱정

구독자가 1만 명이 되기 전까지는 별도의 장비가 필요없다. 나는 그렇게 생각한다. 장비가 좋다고 해서 구독자가 느는 구간이 아니기 때문이다. 이 구간은 자신만의 확실한 스토리와 성실함이 더 중요하다. 지금 내가 사용하고 있는 장비는 이렇다.

1년 반 전에 출시한 스마트폰. 5년 전에 회사 크리스마스 행사에서 경품으로 받은 중국산 셀카봉. 6년 전 카메라를 살 때에 사은품으로 받은 삼각대. 10년 전 회의 녹음을 위해 산 강의용 녹음기. 작년에 출판 소프트웨어 작업을 위해 산 컴퓨터. 유일하게 유튜브를 위해서 산 1만 원짜리 핀 마이크 (사지 않아도 됐을 것 같다). 이외에 추가로 장비를 들일 생각은 전혀 없다.

만약 여러분이 유튜브를 시작한다고 하면, 나와 똑같이 시작하라고 권하고 싶다. 해외에서 내로라하는 유튜브 미디어 전문가들도 이렇게 스마트폰으로 시작하라고 권하고 있다.

요즘 스마트폰은 화질이 충분하다. 비디오 녹화시 해상도는 웬만하면 1080p 즉 FHD 를 (Full High-Definition) 지원할 것이다. 최근 3년 내의 스마트폰이라면 이 이상의 해상도인 4k 를 갖고 있다. 하지만 유튜브에 올라온 영상을 보면 알 수 있다. FHD 급이면 충분히 차고 넘친다.

셀카봉이나 삼각대가 없다면 온라인 쇼핑몰에서 평가가 괜찮은 만 원 대의 제품을 사면 된다.

많은 전문가들이 주목하는 것은 화질보다는 음질이다. 유튜브 영상에서 음질은 생각보다 중요하다. 이럴 때엔 보급용 마이크를 사면 된다. 싼 가격으로 눈에 띄는 품질 향상을 가져오는 게 마이크다. 동그란 마이크 핀 선을 스마트폰에 연결하면 된다. 별도로 설정할 것은 없다.

그래도 뭔가 장비에 대한 의구심이 든다면, 내 유튜브 영상을 보기 바란다. 화질이 낮다는 느낌은 별로 들지 않을 것이다. 유튜브를 운영하는 데에 있어서 중요한 것은 화질이 아니다. 화질은 최소한의 기준만 지키면 된다. 스마트폰이면 충분하다.

2. 유튜브에서 무엇을 말할 것인가

유튜브 구독자를 늘리기 위한 방법이 온라인에 많이 떠돈다. 재미 삼아 읽어볼 수 있지만 지나치게 신경쓸 필요는 없다. 전문가의 블로그를 한두 개만 읽어보면 된다. 대부분 원칙적인 것을 두고 자기 입맛대로 해석한 것에 불과하다. 이런 방법들을 가볍게 넘어가야 하는 진짜 이유가 있다. 유튜브 구독자를 늘리기 위한 방법은 우리가 유튜브를 하고자하는 목적과 결이 다르기 때문이다.

무엇이 다른가.

상업적 유튜브 채널은 명확한 자기 정체성을 갖고 있다. 콘셉트도 짜고, 지속적이고 일관적인 이야기를 하기 위해 전략을 짠다. 어떤 사람들이 자신의 채널에 유입하면 좋은지도 연구한다. 즉 상업적 채널은 자신의 차별점과 타깃이 정해져 있다 (비록 그것이 틀렸을 지라도). 그렇게 사람들이 모이면 그것으로 물건을 팔거나, 유튜브 수익을 창출하거나, 새로운 비즈니스를 시작한다. 타깃의 성공적인 유입은 곧 상업적 성공이다. 그들은 상업적 성공을 위해 타깃을 정하고 차별화되고 자극적인 메시지를 "대방출"한다.

우리가 유튜브를 하는 이유는 이와 다르다. 어쩌면 정반대라고 할 수 있다.

우리는 완성되어 변하지 않는 자기 정체성을 가졌다기보다는, 우리 스스로의 숨겨진 면을 발견하기 위해서 유튜브를 한다. 정체성을 갖고 그것을 강화하기보다는, 우리의 정체성이 무엇인지를 발견하고 확인하고 검증하고자 한다.

우리는 내 이야기에 빠져들 만한 사람들이 누구인지 아직 모른다. 내 한 마디가 누구의 가슴을 치는지 우리는 아직 모른다. 우리의 어떤 이야기가 어떤 사람들에게 반향하는지 명확히 알고 있지 못하다.

어떤 판단을 하기 위해서는 데이터의 수집이 필요하다. 그 데이터를 드러내고 모으는 게 유튜브의 역할이다. 사람들을 통해 새로운 나를 발견하려는 우리 같은 사람들에게는 그렇다.

이렇게 써놓고 보니 다락방을 열망하는 사람은 정말 특별하다. 모든 사람이 이런 고민을 하지는 않는다.

그러므로 우리가 유튜브에서 말해야 할 것은 단순하다. 대단한 의도는 필요 없다. 그저 우리 그대로의 모습을 드러내면 된다. 내가 하고 싶은 말을 하면 된다.

첫눈이 내리는 어느 날, 그 모습에서 20년 전 하루가 떠올랐다면 그 소감을 말하면 된다. 화면에 눈 오는 모습을 담으면 된다. 20년 전 하루가 왜 생각났는지 말하면 된다.

그때와 지금의 나는 같은 사람이지만 무엇이 달라졌는지 말하면 된다. 조금은 무상하다고 느끼지만, 기쁜 일도 있었노라고 말하면 된다. 그러다가 눈물이 나면 울고, 웃음이 나면 웃으면 된다.

문득 20년 전 내가 겪었던 고민에서, 지금도 그런 문제로 괴로워하고 있을 것만 같은 사람이 있지 않을까. 그 사람을 위해 과하지 않은 조언 한 마디 건네도 좋다. 그때 나는 온 세상을 가진 기분이거나, 혹은 온 세상을 잃은 기분이었지만 지나고 나니 잘 기억도 나지 않는 아주 작은 순간이노라고 말해도 좋다. 인생은 원래 그러하니 기운내라고 말하면 멋질 것 같다.

누군가 이 영상을 우연히 보게 된다면 지루할 것 같아 3초도 되지 않아 꺼버리는 사람이 있을 것이다. 대수롭지 않게 넘기는 사람이 대부분이리라. 하지만 우리는 단 몇 명을 찾고 있다. 여러분이 말하는 입모양과 눈빛을 놓치지 않으려는 듯이 화면을 뚫어져라 응시하는 사람이 있을 것이다. 작은 숨소리까지 하나하나가 닿을 사람이 있다는 것을 나는 알고 있다. 어쩌면 여러분이 무심코 읊조린 한 마디가 그 사람의 인생을 바꿀 수 있을 것이다.

별 거 아닌 말도 주먹으로 가슴을 세게 때린 것처럼 느낄 것이다. 그리고 여러분처럼 살고 싶다는 희망으로, 그들이 자신의 절망을 이겨낼지도 모르는 일이다.

중요한 것은 이런 우연과 필연의 순간을 우리가 통제할 수 없다는 것이다. 그러므로 우리가 해야 할 일은 그저 우리를 담담히 드러내는 것이다. 희망도 절망도 없이.

첫 영상 찍기

몇 가지 팁을 소개해야겠다. 여러분이 당장 스마트폰을 켜고 시작하길 바란다. "나중에 언젠가는..."이 아니라.

내가 알려주는 방법대로 첫 영상을 찍었으면 좋겠다. 유튜브에 올리고 영상 주소를 내게 보내주면 우리 '방황하는 사람들' 사이에 조금이라도 더 노출될 수 있도록 내가 언급하겠다고 이 책을 통해 약속한다.

1. 준비물

이면지, 펜, 스마트폰. 선택사항이지만 삼각대나 셀카봉이 있으면 금상첨화다. 스마트폰에 마이크가 내장된 이어폰을 하나 꽂는다면 완벽하다. 없어도 그만이다.

2. 스튜디오 셋업

1) 장소선정: 아무것도 없는 배경이 좋다. 편집을 위해 자신의 영상을 검토하다가 뒤로 너저분한 살림살이가 보이면 힘이 쭉 빠지기 때문이다. 영상의 주인공인 우리의 표정과 존재감이 돋보이도록 하자. 깔끔한 배경을 찾을 수 없다면 이놈의 집구석, 원망을 하지 말자. 대신 밖으로 나가면 된다. 지나가는 사람이 드물고 배경이 단조로운 곳에 벤치가 있다면 그것은 누군가의 계시다. 벤치가 없다면 서서 촬영해도 좋다. 천천히 걸어도 좋다. 지나치게 시끄러운 곳은 피하자. 사람들의 시선에는 신경쓰지 말자. 왕자병 공주병은 자제하자. 찍다 보면 알게 될 것이다. 사람들은 여러분에게 별 관심이 없다. 혹은 그 관심은 3초를 넘기지 않는다.

2) 시간선정: 가능하면 복잡하지 않은 시간대가 좋다. 배경과 소음을 통제하기 위해서다. 해가 떠 있는 시간대를 선정해야 한다. 사진은 "빛의 예술"로 알려져 있다. 영상도 그렇다. 해가 잘 비추는 곳에서 영상을 찍으면 전반적으로 생기가 돌고 바로 옆에 있는 것 같은 현장감을 준다. 실내라면 빛이 들어오는 곳에서 영상을 찍어야 하는 이유다. 그렇지 않다면 노랑색 계열의 조명을 은은하게 켜는 것도 방법이다. 노랑색 계열은 안정되고 편안함을

느낄 수 있는 조명이다. 물론 피부의 톤이 보정되어 보이는 효과도 있다. 하지만 햇살이라는 완벽한 조명을 따라갈 수는 없다.

3) 영상셋업: 스마트폰을 켜고 셀카 모드로 화면을 테스트할 차례다. 화면에 자신의 정수리 한 뼘 위부터 몸통 상단까지가 나오면 된다. 정면보다는 카메라를 옆으로 45도, 위로 30도 정도에 두는 걸 추천한다. 정면보다는 살짝 옆으로 돌렸을 때 얼굴이 자연스럽게 나오기 때문이다. 오른쪽, 왼쪽, 위, 아래로 돌려보며 가장 자연스러운 모습을 찾으면 된다. 나는 오른쪽 45도 위로 30도에 삼각대로 스마트폰을 고정시키는 편이다. 스마트폰과의 거리는 약 1미터로 둔다.

4) 음성셋업: 스마트폰에 마이크이어폰을 꽂는다. 만약 이어폰이 없다면 목소리를 평소보다 조금 더 크게 낸다. 그렇다고 부자연스럽게 목소리를 키울 필요는 없다. '조금만 크게 하자.'라고 스스로 인지할 정도면 된다.

3. 무엇을 말할 것인가

1) 목록을 30개 정도 만들어보았다. 이 중에 하나를 고르면 된

다. 자신이 말할 "거리"가 많은 소재를 고르면 된다. 분석적으로 접근하지 말고 끌리는 대로 고르자.

　2) 고른 후에는 종이에 펜으로 쓸 것이다. 왜냐면 이야기가 너무 길어지는 걸 방지하기 위해서다. 우선 브레인스토밍을 통해 생각나는 것들을 싹 다 적고, 어떤 순서로 말할 것인지만 단어 위주로 짧게 메모한다. 말이 너무 길어지면 안 된다. 똑같은 말이라도 쪽대본을 만들어두면 더 자연스러우면서도 간결하고 재미있게 말할 수 있다. 말할 내용을 블로그에 적어두는 것도 아주 훌륭한 방법이다. 블로그와 유튜브를 동시에 운영하면 같은 콘텐츠를 조금 다르게 풀 수 있으므로 일석이조이다. 블로그에는 글의 묘미를 살려서, 유튜브에는 말과 표정의 묘미를 살려서 풀어낸다. 지금부터 목록을 검토해보자. 지금 말할 수 있는 느낌이 든다면 동그라미를 쳐보자. 나중에 공부하는 게 아니라 지금 당장 말할 수 있는 것을 찾아보자.

3) 유튜브를 위한 생각 거리

† 최근에 읽은 책에 대한 이야기

간단한 내용 소개와 내가 느낀 점. 특별히 기억에 남는 점. 책을 읽고 난 후 내 다짐. 구독자들과 나누고 싶은 좋은 생각.

책을 다양한 콘텐츠로 바꿀 수 있다. 영화, 드라마, 연극, 전시회, 여행, 맛집, 콘서트, 강연, 유튜브 영상… 그리고 이는 시리즈로 이어질 수 있다.

지식과 사실 자체에 치중하지 않는 게 좋다. 우리가 유튜브를 다락방으로 들어가는 열쇠라고 부르는 이유는 무엇인가. 다락방은 지식과 논리 너머에 있다.

† 내가 특별히 좋아하는 장소

그 장소가 어디인지 소개. 그 장소를 좋아해서 생긴 에피소드 소개. 그 장소를 좋아하게 된 에피소드 소개. 그 장소에 대해 느끼는 감정. 장소를 통해 내가 얻는 이득 공유. 구독자들에게도 이와 비슷한 나만의 장소를 가져보라는 권유의 말.

장소를 다양한 대상으로 바꿀 수 있다. 도시, 관광지, 음식점, 음식, 시간, 운동, 게임, 향수, 패션 브랜드, 옷, 오래 된 이불, 시계, 반지, 신발…

† 내가 죽기 전에 생각날 사람

그 사람은 누구인지. 왜 그 사람인지. 그 사람이 내게 어떤 의미인지. 그 사람과 어떤 일이 있었는지. 그 사람에게 해주고 싶은 말이 있는지. 지금 아직 살아있을 때에 할 일이 있는지. 구독자에게 권하고 싶은 조언이 있는지.

사람을 다양한 대상으로 바꿀 수 있다. 죽기 전에 생각 날 음식, 순간, 여행지, 보물, 해야 하지만 완수하지 못한 일들…

† 내가 이십 대에 하지 않아 후회하는 일 세 가지

내가 후회하는 것 세 가지는 무엇인지. 왜 후회하는지. 그 때는 어떤 생각이었는지. 지나고 나니 어떤 생각이 드는지. 이십 대의 내게 조언을 한다면 뭐라고 할 것인지. 만약 나와 비슷한 구독자가 있다면 지금 내 조언은 무엇인지. 조언하는 근거가 있는지.

이십 대를 다양한 시절로 바꿀 수 있다. 삽십 대, 사십 대, 오십

대, 젊었을 때, 신입사원일 때, 백수일 때, 신혼시절에, 첫 아이를 낳았을 때, 아이가 사춘기였을 때, 아이가 아팠을 때, 남편이 우울할 때에…

후회하는 일을 다양한 상황으로 바꿀 수 있다. 하길 잘했다고 생각하는 일, 따야 하는 자격증, 해야 하는 운동, 하지 말아야 할 시간 낭비…

† 내 자동차에 대한 역사

내가 처음으로 산 자동차는 무엇인가. 어떤 계기로 샀는가. 그때 기분이 어땠나. 첫 자동차와 얽힌 사연이 있는가. 왜 두 번째 차로 바꾸게 되었나. 두 번째 차는 무엇인가. 세 번째, 네 번째… 이 과정에서 배운 점이 있는가. 세월이 지나고 돌아보는 자동차에 대한 내 생각은 어떤가. 구독자에게 조언하고 싶은 것이 있는가.

자동차를 다양한 대상으로 바꿀 수 있다. 화장품의 역사, 이성친구의 역사 (그러나 "신중하자.") , 살았던 동네, 즉 이사의 역사, 휴대폰, 직업, 헤어스타일, 시계, 디지털 닉네임과 친구들 사이에서 별명, 좋아했던 연예인, 취미, 실패한 다이어트 방법의 역사…

† 직장에 다니면서 내가 겪은 고난

내가 직장 생활을 하면서 가장 힘들었던 시기. 어떤 일이 있었는가. 그 때 기분이 어땠는지. 무엇 때문에 힘들었는지. 그것을 견디게 한 힘은 무엇이었는지. 만약 되돌아 간다면 무엇을 다르게 할 것인지. 이런 시간을 겪고 있는 비슷한 사람들이 있다면 해주고 싶은 이야기.

직장을 다양한 상황으로 바꿀 수 있다. 가족 중에 환자가 있어서 겪은 고난, 집을 잘못 사서, 돈을 잘못 굴려서, 보증을 잘못 서서, 사람을 잘못 만나서, 도박에 빠져서…

다시 한번 요약하자면 이렇다.

장비를 챙긴다.

찍을 장소와 시간대 등 스튜디오 셋업을 한다.

내가 소개한 목록 중 하나를 골라 종이에 메모 형식으로 적는다. 영상 도입부에서는 "내가 할 이야기"를 요약해서 먼저 소개한다. 그 다음부터는 자연스럽게 이야기를 하면 된다. 적어놓은 이야기 말고 자꾸 삼천포로 빠지는 것을 조심하면 좋다.

영상 올리기, 그리고 그 다음

영상을 다 찍었다면 이제 편집을 걱정할 차례다. 편집에 대한 기대수준을 낮추자. 가장 중요한 것은 이야기이다. 가장 기초적인 편집으로 이야기의 효율성을 보장하기만 하면 된다.

시간이 흐를수록 편집에 대한 부담은 줄어들 것이다. 뭐든 많이 해보면 손에 익는 법이다. 손에 익기 시작한다면 그 때부터는 조금씩 다양한 편집 방법을 시도해 볼 수 있다. 처음부터 음향효과, 특수효과, 배경음악 같은 것을 생각할 필요는 없다. 나는 "블로 VLLO" 앱을 추천한다. 무료이다. 전문가들이 가장 후한 점수를 준 앱이다. 스마트폰이나 태블릿에서 작동한다. 키워드 분석 사이트에 따르면 VLLO 와 관련한 콘텐츠가 한 달에 약 1,000 건씩 생성되고 있다. 조금만 검색하면 앱에 대한 사용법은 충분히 익힐 수 있다. 그러므로 여기에서는 가장 기초적이고 중요한 편집의 두 가지 원칙과 절차만 설명했다.

편집의 첫 번째 순서이자 가장 중요한 부분이다. 쓸데없는 부분 자르기다. 영상에서 꼭 필요하지 않은 부분을 제외하고는 모두 잘라내자. "음…"이라던지, 했던 말을 또 하는 것 같다던지, 아니면 삼천포로 빠진다던지….

좋은 글은 하나의 문단에 하나의 주제를 담는다. 하나의 영상에서는 한 가지 주제에 대해서만 이야기하는 게 좋다. 편집을 통해 영상을 찍는 과정에서 말했던 불필요한 주제들을 쳐내자.

예를 들어보자. '직장생활에서 내가 겪은 에피소드'를 생각하다가 이런 영상을 찍는다고 가정해보자.

제목: 승진이 늦어져도 걱정하지 마세요. 만년 과장이 부사장 된 사연 - 편집 전.

"여러분 중에서 직장에서 승진이 안 되는 분들이 있다면 너무 고민하지 마세요. 저 역시 만년 과장을 10년 넘게 했거든요. 제가 처음에 회사에 들어갔을 때는 직장 문화 자체가 군대 같았습니다. 한 상사는 저를 심부름꾼처럼 부렸으니까요… (중략. 이야기의 핵심 역할인 승진 이야기가 아니다. 삼천포로 빠졌다.) 그러다가 제가 등산을 다니기 시작했어요. 스트레스에 정말 도움이 되었습니다. 살아가는 낙이었죠. 제가 좋아하는 산은 설악산하고 유명산 그리고 소백산인데요. 아, 특히 소백산 밑에 가면 꼭 가야 하는 음식점이 있습니다. 막걸리에 너무 잘 어울리구요. 여름에는 태기산 쪽 계곡이 정말 시원합니다. 예전에 리조트가 들어오기 전에는 정말 깨끗했는데… (중략. 이야기의 핵심인 "승진에 대한 고난"은 점점 더 제 역할을 하지 못하고 있다.)"

　물론 이렇게 말하는 것이 더 재미있을 수는 있지만, 원칙적으로는 피하는 것이 맞다. 누군가 여러분의 영상을 보게 되는 이유는 아마 제목 때문일 것이다. 만년 과장이 어떻게 부사장 되었는지를 듣고 싶지, 소백산 막걸리집이 궁금한 게 아니다. 핵심 사연에 집중하는 게 맞다. 산에 대한 이야기, 맛집에 대한 이야기, 날 괴롭혔던 직장 상사 이야기는 다른 에피소드에서 다른 영상으로 말하면 된다.
　영상을 이렇게 찍었다고 해서 낙심할 필요는 없다. 편집을 하면 된다. 더 핵심적인 이야기만 남도록 편집하면 이런 이야기가 될 것이다.

제목: 승진이 늦어져도 걱정하지 마세요. 만년 과장이 부사장된 사연 - 편집 후.

"여러분 중에 직장에서 승진이 안 돼서 고민인 분들 있나요. 제 얘기를 들어보세요. 저는 만년 과장을 10년 넘게 하다가 말년에 부사장까지 갑자기 승진했답니다. 지금부터 이야기를 시작해볼게요… (중략) 그 때 정말 힘들었어요. 집에 눈치도 보이고, 제 동기들은 벌써 부장되고 팀장이 되었거든요. 게다가 후배 중에 부장이 나오기도 했어요. 자존심이 너무 상해서 그만둬야 하나 생각했지만 다행히 집에서 이해해주고, 주말마다 등산을 가면서 풀었어요. 여러분도 등산 많이 하세요. 산이란 산을 다니면서 마음이 좀 풀리더라구요. 그러다가 제게 맞는 프로젝트가 왔는데, 성과가 아주 좋았습니다. 왜냐면 평소 산에 다니면서 얻은 아웃도어에 대한 통찰력을 접목시켰거든요. 재치있는 발상이라며 경영진의 지지를 받았고 실제 이게 그 해의 대박 히트 상품이 되었습니다. 그 이듬 해에 저는 부장이 되었고, 그 다음 해에는 아웃도어 사업부 하나를 통째로 맡으면서 이사가 되었습니다. 그러니까 여러분, 지금 작은 일 하나하나에 너무 신경쓰지 마세요…. 호사다마요 전화위복이 인생이랍니다."

즉 편집의 첫 번째 원칙은, 쓸데없는 부분을 잘라내는 것이다. 그래서 이야기가 전달하고자 하는 주제가 간결하고 명확하게 부각되는 것이다. 이런 과정을 반복하면서 여러분의 말하기 스킬은 점점 더 발전할 것이다.

편집을 위한 두 번째 팁은 자막이다. 모든 음성을 자막으로 바꿀 필요는 없다. 그것은 나중에 유튜브가 커나가는 과정에서 본인이 자연스럽게 선택하게 될 것이다. 100만 명이 넘는 채널인 "김미경TV" 나 "신사임당"은 자막을 거의 넣지 않는다. 대신 영상에서 말하고 있는 주제를 요약해서 자막으로 보여준다. 자막을 활용하면 커뮤니케이션의 효율성이 높아진다. 구독자가 영상이 말하는 내용을 훨씬 더 쉽게 이해할 수 있다. 또한 음성 만으로는 놓칠 수 있는 내용을 자막이 강조하고 보조함으로써 구독자의 몰입도를 높인다.

<만년 과장의 부사장 승진기>를 예로 들어 보자.

도입 부분에서는 이 영상에서 말하고자 하는 내용을 자막으로 보여줄 수 있다.

"만년 과장하며 동료와 후배들에게 치였던 제가 3년 만에 부사장이 된 사연을 공개합니다. 끝까지 봐주세요."

등산 이야기가 나올 때에는 지금까지 이야기의 흐름을 요약해서 자막을 넣을 수 있다.

"스트레스를 잊고 나 자신을 관리하기 위해 등산을 시작."

"처음엔 동네 뒷산. 나중엔 전국 명산을 도장깨기처럼….."

마지막 부분에서는 여러분의 조언이나 강조하고 싶은 말을 자막으로 넣으면 금상첨화다.

"여러분, 지금 힘들다고 너무 축 쳐져 있지 마시고 밖으로 나가세요. 저 같은 사람도 있다는 걸 위로로 삼으세요."

"자세한 이야기는 제 블로그에서 이야기 나누어요."

자막을 넣는 것은 잘라내기보다 더 쉬운 작업이다. 단 몇 줄의 자막으로 영상의 전달 효율성이 무척 높아진다. 영상의 짜임새가 생기면서 자연스레 품질 향상도 기대할 수 있다.

아무리 훌륭한 영상도 제대로 포장이 되지 않으면 사람들에게 충분히 노출될 수 없다. 우리가 유튜브를 하는 이유는 무엇인가? 한 마디로 유입이다. 많은 사람들이 와서 우리에 대해 보고 듣고 느끼길 바란다. 그것이 우리의 목적이다.

블로그에서 설명했던 〈유입을 위한 세 가지 방법〉은 이웃 늘리기, 키워드 선정 그리고 백링크 생성이었다. 유튜브에 이 원칙을 적용할 수 있다.

유튜브의 유입을 늘리기 위한 세 가지 방법을 소개한다. 세 가지 방법 모두 영상을 올리는 과정에서 입력해야 하는 제목과 설명 그리고 썸네일과 밀접한 관계를 갖고 있다.

첫 번째 방법은 썸네일이다 (Thumbnail). 썸네일은 미리보기 이미지를 뜻한다. 썸네일은 제목과 함께 쌍으로 작동한다. 썸네일과 제목이 좋으면 유튜브의 내부 회로도에 의해 더 많은 사람들에게 자동으로 노출이 되기 시작한다. 썸네일과 제목이 좋지 않다면 유튜브 시스템은 해당 영상을 다른 사람에게 추천하고 퍼뜨리는 노력을 하지 않는다.

썸네일과 제목을 잘 작동시키기 위해 유튜브의 영상에 대한 입장을 이해할 필요가 있다.

유튜브는 모든 영상에 대한 나름의 데이터를 갖고 있다. 이에 따라 영상을 분류하고 점수를 매긴다. 우리가 흔히 "떡상"이라고 부르는 영상은 유튜브가 이러한 시스템에 의해 높은 점수를 부여한 것들이다.

높은 점수란 무엇인가? 유튜브에게 수익을 주는 영상이다.

수익을 주는 영상은 무엇인가? 첫째 시청자들의 호기심을 자극해서 클릭을 유도한다. 둘째 그들이 클릭 이후에도 떠나지 않고 오래 시청하는 영상이다. 즉 이용자들이 유튜브를 떠나지 않고 계속 머무르게 하는 영상이다. 이런 시청자들이 결국 유튜브의 광고를 보고, 유튜브를 유지시킨다. 유튜브의 수익을 강화시켜주는 핵심 고객이라고 할 수 있다.

유튜브는 어떤 영상의 데이터를 축적하기 위해 그 영상을 다양한 성향의 사용자에게 노출시킨다. 만약 한 영상이 특정 성향을 가진 사람들에게 인기가 있는 것으로 판단된다면, 어느 순간부터 이 영상은 그 부류의 타깃들에게 자동으로 노출되기 시작한다. 데이터는 계속 긍정적으로 쌓이고 떡상의 논리는 강화된다. 그리고 어느 날부터인가 진짜 떡상이 되며 폭발적으로 영상이 노출된다. 이 영상이 유튜브의 수익을 강화한다고 판단했기 때문이다.

요약하자면 유튜브에게 득이 되는 영상이 되기 위해서는 두 가지 지표가 중요하다. 시청지속률과 클릭률이다.

시청지속률은 영상 콘텐츠 자체가 갖는 힘에서 온다. 콘텐츠의 힘은 영상을 기획하고 찍는 과정에서 이미 결정된다. 썸네일과 제목으로는 다 찍은 영상을 어찌할 수 없다.

클릭률은 다르다. 이미 완성된 영상이라 하더라도 썸네일과 제목을 잘 만들면 클릭률을 큰 폭으로 올릴 수 있다.

〈만년 과장의 부사장 승진기〉를 예로 들어 썸네일과 제목을 살펴보자.

영상 내용 중 일부를 배경으로 (흰 배경에 크리에이터의 얼굴) "여러분 힘내세요. 직장 생활도 참다보면 좋은 일이 올 거에요."라고 제목을 달 수도 있다. 하지만 조금 더 공격적이면 어떨까. 유튜브라는 곳의 문법 자체가 썸네일의 공격성과 적극성에 대해서는 용인하는 분위기이기 때문이다. 실제로 〈월 1,000만 원 버는 현실적인 방법〉처럼 자극적인 제목도 실제로 클릭해 들어가보면 자신이 한 이야기가 아니라 여기저기 돌아다니는 이야기를 인터넷에서 긁어와 짜집기 한 경우가 많다. 아류로 〈스무 살의 월 1억 벌기〉같은 영상들도 있는데, 실제 사례보다는 이를 미끼로 한 다른 주제의 이야기인 경우도 있다. 어찌 되었든 적극적으로 호기심에 호소하는 것이 유튜브의 생리라는 점을 기억할 필요가 있다.

따라서 호기심을 최대한 유발하려면 〈만년 과장의 부사장 승진기〉는 이렇게 바뀔 수 있다. 썸네일에 "돈 많고 성공한 CEO"처럼 보이는 사진을 넣는다던지 제목을 "고속승진? 승진의 진짜 비법 공개. 평사원이 1년 만에 연봉 2억 부사장이 된 방법."처럼 적극적으로 생각해보는 것도 좋겠다.

요약하자면 썸네일과 제목은 대문이나 간판 역할을 한다. 대문이 예쁘다고 더 많은 사람이 집 앞을 지나가지는 않는다. 하지만 대문이 예쁘면 지나가던 사람이 한 번이라도 더 멈추고 들어오게 한다. 이는 곧 유입의 증가로 이어진다.

유튜브 채널로 유입을 늘리는 두 번째 방법은 키워드다. 블로그의 유입과 근본적인 목적은 같다. 키워드를 활용하면 두 가지 면에서 좋다.

우선 검색을 통해 사람들이 유입한다. 〈만년 과장의 부사장 승진기〉를 예로 들어보자. 승진 때문에 고민이 사람들이 "만년 과장" 또는 "승진"이라는 키워드로 유입될 확률이 많다. 그 중 일부는 "뻔한 얘기네." 혹은 "당장 도움은 안 되는군."이라며 떠나갈 것이다. 하지만 좋다. 누차 이야기했듯이 그 중 일부는 여러분의 사람이 될 것이다. "아, 인생을 이렇게 바라 볼 수도 있겠구나."라고 생각하는 사람이 있을 것이다. "나도 이 사람처럼 생각하고 싶다. 배우고 싶은 사람이다."라고 생각하는 사람이 분명히 있다. 우리는 그 확률을 위해 유입을 이야기하고 있는 것이다.

있는 그대로를 쓰는 것은 키워드의 활용이 아니다. 그 이상으로 키워드를 충분히 활용하는 방법이 있다. 키워드를 통해 핵심 타깃의 욕구를 건드리는 것이다. 어쩌면 자신도 몰랐던 욕구를 발견하게 만드는 게 키워드일 수도 있다. 예를 들면 이렇다.

"이 영상을 어떤 사람이 보면 좋을까."라고 상상해보자.

〈만년 과장의 부사장 승진기〉 영상은 실패 앞에서 기운이 빠진 사람들이 보면 좋을 것 같다. 꼭 승진은 아니지만 인생에서 좌절한 사람들 말이다. 그런 상태에 빠진 사람들이 검색하는 것은 무엇일까. 뭔가 위로를 받고 싶거나, 해법을 찾으려는 사람들은 무엇을 찾을까. 이런 내적 갈증이 있는 사람들은 어떤 단어로 검색을 시작할까. 아마도 이런 키워드들로 조합된 개념이 아닐까 생각한다.

#승진안되는이유 #퇴사 #퇴사후창업 #승진하는방법 #스트레스 #회사생활 #좌절 #희망 #과장에서부장 #회사생활우울증 #직장인우울증해결 #직장인희망

제대로 된 키워드를 사용하면 좋은 점이 또 있다. 유튜브에게 좋은 영상으로 분류되어 더 많은 노출 기회가 생긴다. 유튜브는 세 가지로 영상의 일관성을 판단한다. 제목과 본문 그리고 태그이다. 이 세 분야에 걸쳐 키워드가 일관적으로 사용되었다면 유튜브는 이렇게 판단한다.

이 영상은 말하고자 하는 메시지가 분명하다. 그러므로 이 영상은 타깃이 분명하고, 그 타깃에 대해 노출을 해볼 만하다.

유튜브 채널의 유입을 늘리는 세 번째 방법은 백링크이다. 즉시 생각할 수 있는 방법으로는 관련된 인터넷 카페에 영상 링크가 포함된 글을 올리거나, 커뮤니티의 단톡방에 영상 링크를 공유하는 방법이 있다. 물론 이 영상에 대해 관련성이 있는 커뮤니

티라면 더할 나위 없을 것이다.

〈만년 과장의 부사장 승진기〉는 젊은 취업 준비생들에겐 공감을 얻기 힘들 것이다. 영상을 시청했다가 금새 나가버리거나 "싫어요" 표시를 할 수도 있다. 유튜브는 이런 데이터를 계속 수집한다. 결국 부정적인 데이터는 〈만년 과장의 부사장 승진기〉가 더 많은 사람들에게 노출될 수 있는 기회를 주지 않을 것이다.

반면 은퇴한 사람들의 모임이나 인생 2막을 위해 뭔가 새로운 것을 준비하는 사람들에게는 공감을 얻을 수 있을 것이다. 비슷한 경험이 있을 나이대일 뿐더러, 희망이 필요한 사람들에게 〈만년 과장의 부사장 승진기〉라는 스토리 자체가 위로를 줄 수 있기 때문이다.

하지만 무엇보다 강력한 백링크는 바로 자신의 블로그이다. 다락방으로 들어가는 첫 번째 열쇠가 바로 블로그였다. 블로그 활동을 통해 이웃의 모수를 늘리라고 앞서 말했다. 그리고 그 이웃들이 마구잡이가 아니라 서로의 공통분모를 기반으로 한 세심한 선택의 결과라면, 여러분의 영상에도 열렬하게 지지를 보낼 확률이 매우 높다.

블로그와 유튜브는 떼려야 뗄 수 없는 단짝이다. 영상을 왜 찍게 되었는지, 조금 더 "글스러움"을 가미해 블로그에 남기자. 그 자체가 훌륭한 백링크가 된다. 이웃들은 그 링크를 타고 가 여러분의 유튜브 구독자가 된다.

　블로그와 유튜브는 같은 디지털 미디어지만 사람들의 속성은 다르다. 블로그를 주로 읽는 사람과 유튜브를 주로 보는 사람들은 생각보다 겹치지 않는다. 하는 시간대도 다르고, 라이프 스타일도 묘하게 다르다. 때문에 이 둘을 함께 하면 더 다채로운 유입을 기대할 수 있다. 그 나물에 그 밥이 아니라는 소리다. 그렇게 유입한 사람들은 여러분의 "내 사람"이 된다. 그 사람들이 거울이 되어 여러분이 본 적 없는 여러분의 모습을 비춰줄 것이다. 그 모습을 보고 나면 여러분은 자신을 제대로 이해하게 될 것이고, 내면의 목소리가 들리기 시작할 것이다. 그리고 그 목소리를 따라가면 다락방 앞에 다다를 것이다. 나는 같은 말을 계속 반복하고 있지만 지겹지 않다. 귀에 딱쟁이가 앉을 정도로 나는 계속할 것이다. 방황하고 있는 여러분은 특별하기 때문이다.

나라는 브랜드

퍼스널브랜드가 있으면 좋아하는 일을 하면서 먹고 살 수 있다. 나만의 고유성을 갖고 내가 주인공인 인생을 살 수 있다. 내 유튜브 채널과 블로그에서 이에 대해 조금 더 자세하게 다뤘다.

퍼스널브랜드가 누구에게나 꼭 필요한 것은 아니다. 하지만 이 세 가지 열쇠 꾸러미로 다락방에 들어서는 과정에서 부수적으로 퍼스널브랜드가 세워질 수 있다. 그 기회가 보인다면 한 번쯤 시도하길 바란다. 퍼스널브랜드란 연예인처럼 거짓 웃음을 짓고 사진찍는 게 아니기 때문이다. 퍼스널브랜드의 본질은 한 사람이 다른 사람에게 줄 수 있는 독특한 가치이다. 그만의 향기를 가졌는가이다. 자신만의 고유한 무엇으로 남에게 기능적 정서적 혜택을 주고 그것이 수익을 가져다 주었다면, 그는 이미 퍼스널브랜드를 갖고 있는 셈이다. 가장 중요한 두 가지 원칙은 이렇다.

1. 나에 대한 하나의 핵심 스토리

"여러분 중에 무엇을 해도 남의 옷을 입은 것 같고, 자꾸 기웃거리는 분 계신가요. 겉으로는 잘 살고 있는 것처럼 보이지만 자꾸 헛도는 것처럼 방황을 반복하는 분이 계신가요. 저도 그래요. 제 이야기를 한번 들어보세요. 저는 심지어 이런 일도 겪었답니다... 어쩌면 제 이야기가 여러분에게 위로를 드릴 수도, 혹은 실질적인 도움을 드릴 수도 있을 것 같습니다."

이 이야기는 내 내러티브다. 내가 반복해서 사용하고 있는 핵심적인 스토리텔링이다.

앞서 설명한 것처럼 좋은 이야기는 고난에 대한 이야기이다. 내 고유한 이야기를 고난으로 풀어내는 것이 스토리텔링이다. 판매와 발표 기술 중 최고로 치는 것이 바로 스토리텔링인데, 인간은 사회적 동물로써 남이 겪은 고난에 깊이 몰입한다. 조셉 캠벨이나 유발 하라리 같은 학자들도 이를 피력한 바 있다.

내 핵심 스토리에는 몇몇 고난이 들어가있다. 상황에 따라 다르다. 남들이 부러워하던 직장이었지만 이직과 퇴사를 반복하며 갈피를 못 잡던 시절도 있다. 둘째를 낳은 이후가 되어서야 진짜 내가 하고 싶은 일을 찾아 사춘기처럼 방황하던 시절도 있다. 철학적으로 나는 누구인가에 대한 물음으로 인해 방랑하고 방황했던 시절도 있다. 그때마다 다르지만 나름 하나의 주제를 갖고 이야기할 것이다. 이는 전략 프레임 STP 중 분야 Segmentation 이다. 어떤 주제와 분야의 이야기라도 내 이야기의 중심에는 고난이 있다.

좌절의 시기에 있었던 일이나 생각을 토막 형식의 글로 풀면 블로그가 된다. 회상을 덧대어 조언 형식으로 말하듯이 풀면 유튜브가 된다. 이 죽일 놈의 좌절이 무엇이었는지 내가 그것을 처음부터 어떻게 겪기 시작했고 끝내 어떻게 "겪어냈는지" 풀어가면 그것은 책이 된다. 이 고난은 누구도 대체할 수 없는 나만의 이야기이다. 내 고유함을 드러내는 도구이다. 그러므로 나는 이것을 차별점이라 부르겠다. 브랜드 전략 프레임 STP 중 포지셔닝 Positioning 이 저절로 형성되는 셈이다. 나라는 사람이 겪은 고유한 좌절과 고난은 다른 어떤 것으로도 대체될 수 없으니, 세상에서 가장 강력한 차별화이다.

이 핵심 스토리텔링을 들려주고 싶은 사람이 따로 있다. 다른 사람들은 이해하지 못하지만 내 마음을 이해하고 공감하고 따라서 소통할 수 있는 사람들이다. 지금까지 이 책에서 수없이 부른 이름, "내 사람들"이다. 그 사람들의 특징을 나는 내면의 목소리나 방황 같은 "자신에 대한 갈망"으로 정의했다. 방황하는 것처럼 보이지만 사실 그들의 갈증은 자기초월이라는 다락방에서 기원한다. 방황하는 자신이 못나 보이지만 사실은 반대이다. 스스로가 고차원적인 존재임을 반증하는 셈이다. 나는 그런 사람들에게 이야기하고 싶다. 아무나 갖지 못한 욕망을 가진 그런 사람들을 모으고 싶다. 내 핵심 스토리에서 "여러분 중에…"라고 구분한 사람들이 바로 그런 사람들이다. 브랜드 전략 프레임 STP 중 핵심적이라 할 수 있는 타기팅 Targeting 이다.

내러티브는 요소의 조합에 따라 거의 무한으로 확산이 가능하다.

나는 잘 나가는 직장에서도 방황을 멈추지 않았다. 다른 것으로는 해결될 수 없다는 걸 알기까지 퇴사를 반복하거나 극심한 공허함에 엉뚱한 짓을 반복했다. 내 고난과 좌절은 여러 방식으로 표현할 수 있으며, 위에 적은 것처럼 한 두 문장이 될 때도 있다.

하지만 한 두 문장 속을 잘 들여다 보면 그 안에는 무수한 순간들이 있었다. 출장이라고 둘러대고 호수 주위를 뱅뱅 돌거나 모텔 구석에 쳐박혀 커텐을 닫고 글을 쓰기도 하였다. 업무 시간에 지하 주차장에서 머리를 뜯고 괴로워한 적도 있다. 이런 방황하는 날은 형태만 바뀌었지 매년, 매달, 매주마다 반복되었다. 나는 매번 다른 장소에 다른 인간이 되어 나타났다. 하나하나 그 순간에 이름을 붙여주면 내 방황의 순간들은 수 백, 수 천 개로 늘어난다. 핵심 내러티브는 몇 줄이지만, 순간순간의 기억을 불러내면 무한정으로 확산 가능하다는 말이 바로 이 말이다.

이러한 내러티브가 바로 블로그, 책, 유튜브의 재료이며 여러분을 다락방으로 안내하는 살아있는 길라잡이다. 이 작은 순간들의 내러티브가 내 사람들을 모으고 그들로부터 숨겨진 자신의 모습을 찾을 것이기 때문이다.

2. 기승전-내 스토리

블로그, 책, 유튜브에서 이야기를 풀어낼 때에 중요한 점이 있다. 모든 에피소드가 저마다의 특색이 있어야 하지만, 그 이야기들은 일관되어야 한다. 일관적으로 보이지만 그 내용을 들여다보았을 때 어느 하나도 같지 않고 다채롭다면 그것을 우리는 훌륭한 브랜드라고 부를 것이다.

나라는 브랜드를 더 탄탄하게 만들기 위해서는 어떻게 해야 할까. 이것만 기억하면 된다.

나만의 핵심 내러티브를 다채롭게 풀어내면 된다. 다채로운 이야기가 결국엔 나만의 핵심 내러티브로 연결되어야 한다.

자기자랑을 늘어놓는 사람을 보고 우리는 우스개 소리로 이렇게 말한다. "그 사람은 늘 기승전-자기자랑이야." 돈을 좋아하는 하는 사람을 보라. 기승전-돈얘기다.

이 말을 우리에게 적용시키자. 우리가 무슨 이야기를 하더라도 기승전-내 스토리로 연결시키면 된다.

예를 들어 보겠다. 나는 하버드 비즈니스 리뷰를 즐겨 읽는다. 자기관리나 경영전략에 대한 기사도 나를 통하면 전혀 다른 내용이 된다. 나는 무슨 이야기를 하더라도 내 스토리로, 즉 기승전-방황으로 풀어내기 때문이다. 방황하는 사람들에게 자기 인생에 대한 경영이 필요하다는 위로와 조언을 건네고 싶기 때문이다.

어느 날 〈약속을 취소하는 방법〉이라는 기사를 읽었다. 프로페셔널의 세계에서 맡은 프로젝트를 확실하게 정리하고 명확하게 커뮤니케이션하는 방법을 공유하는 기사였다. 네 가지 방법은 이랬다.

어물쩡 넘어가지 말고 확실히 "나는 그만둔다"라고 표시할 것. 그리고 내가 하기로 한 것은 확실히 끝내거나 후임자에 대해 협의할 것. 기록이나 캘린더의 스케줄 등 나중에 생각날 만한 것들은 다 지울 것. 확실히 편한 마음이 들도록 불필요한 것들은 정리할 것.

이 내용은 마작가의 블로그에 소개되었다. 제목은 〈약속을 다 깨버려야 하는 이유〉였다. 사람들은 꼭 필요하지도 않은 약속을 지키느라 정작 자기 자신에게 필요한 일은 뒷전으로 미루고 산다. 나는 자신의 가치관이나 우선순위에 맞지 않다면, 쓸데없는 약속은 다 취소해버리라고 말했다. 그리고 그 시간에 진짜 내 인생에 중요한 일을 해야 한다고 말이다. 죽을 때까지 시간이 많은 것 같지만 실제로는 그렇지 않다. 내게 맡겨진 중요한 일을 발견하고 또 그것을 완성하기 위해서는 **헌신할 시간**이 필요하다. 하지만 시간은 한정되어 있고, 무언가를 치우지 않으면 빈자리는 생기지 않는다. 너무 많은 잡동사니가 우리의 본질을 방해하고 있다. 약속이 없는 자유를 만끽하며 우리 본업, 우리에게 중요한, 그것도 가장 중요한 일을 착수하자는 말이었다.

기사를 읽든, 스쳐지나가는 생각이 되었든, 혹은 갑자기 옛 추억이 생각나든 마찬가지였다. 다양한 소재가 나를 통과하고 나면 방황을 끝내고 내 갈 길을 찾고 걸어가자는 자기경영 메시지로 바뀌었다. 기승전-내 스토리다. 나는 이 방법을 통해 다양한 스펙트럼의 지식과 감정을 전달했다. 블로그엔 쓰고 유튜브엔 말했다. 그리고 앞으로 쓸 소재가, 나누고 싶은 지식이, 울리고 싶은 마음이 많이 남아있다. 그것이 무엇이 되든 기승전-마작가의 스토리로 풀어낼 것이다.

여러분도 그렇게 이야기를 시작하길 바란다. 한 걸음 한 걸음 걷다보면 길이 파일 것이고, "내 사람" 한 둘이 모여 결국엔 긴

행렬로 인생의 노을을 향해 함께 걷게 될 것이다.

마헤0.

VI.
희망도 절망도 없이

차가운 이성과 뜨거운 의지

다락방 문을 한 번 열었다고 해서 영원히 눌러 앉을 권리를 보장받는 것은 아니다. 성을 한 번 무너뜨려도 그것을 지켜내지 못하면 승리라 부를 수 없는 것과 마찬가지다. 불가의 돈오점수 頓悟漸修 와 비슷하다. 단번에 진리를 깨달았다 해도, 계속해서 수행을 해야만 하는 것이다.

그러므로 중요한 것은 지속할 수 있느냐이다. 고꾸라지지 않고 계속 해서 걸어갈 수 있는가이다.

나는 그 해법을 역사적인 전략가의 삶에서 배울 수 있다고 생각한다. 내 책 〈내 젊은 날에 보내는 비밀 레시피〉 에필로그에서 옮긴다.

지금 소개할 두 장군의 태도에서 배울 점이 많다. 이순신 장군과 스톡데일 장군이다.

이순신 장군은 올곧은 성품 탓에 미움과 시기를 많이 받았다. 승진이 좌천되길 여러 번이었다. 공로를 빼앗겼으며 직위를 박탈 당했다. 청탁을 거절했다는 이유로 상대방으로부터 음해를 당한 일이 수 차례였다. 그를 믿었던 왕조차 이순신에게 죄를 물어 곤장을 쳤다. 이순신은 하찮은 관리직을 전전하다가 결국 임진왜란 전세의 불리함이 극에 달해서야 선조의 부름을 받고 최전선으로 투입된다.

흉작과 왜군의 노략질로 인해 병력의 30% 이상이 굶어 죽거나 탈영했다. 이런 상황에서 이순신은 현실 앞에서 좌절하지 않았다. 그렇다고 임금이 나를 살릴 거라고 혹은 하늘이 도울 거라고 헛된 꿈을 꾸지도 않았다.

이순신 장군은 차가운 현실을 인정했다. 조정에서는 수운 방어를 포기하다시피 했다. 오히려 이순신에게 곡식을 요청할 정도로 무기력했다. 이순신의 병력은 왜군과 싸우기에는 말도 안 되는 열세였다. 힘든 싸움이 아닐 수 없었다. 하지만 이순신은 선조에게 이렇게 썼다.

"임진년부터 5·6년 간 적이 감히 호서와 호남으로 직공하지 못한 것은 수군이 그 길을 누르고 있어서입니다. 지금 신에게는 아직도 열두 척의 전선이 있사오니 죽을 힘을 내어 맞아 싸우면 이길 수 있습니다. 지금 만약 수군을 모두 폐한다면 이는 적들이 다행으로 여기는 바로서, 말미암아 호서를 거쳐 한강에 다다를 것이니 소신이 두려워하는 바입니다. 전선이 비록 적으나, 미천한 신은 아직 죽지 아니하였으니, 적들이 감히 우리를 업신 여기지 못할 것입니다." (이분, 〈이충무공전서〉 중 〈행록〉)

한편 또 다른 장군 스톡데일의 이야기는 짐 콜린스의 명저 〈좋은 기업을 넘어 위대한 기업으로〉를 통해 알려지기 시작했다. "스톡데일 패러독스 Stockdale Paradox"라고도 부른다. 패러독스라고 불리는 이유는 냉혹한 현실을 받아들이면서도 흔들림 없는 미래에 대한 믿음을 잃지 않는 "이중성" 때문이다.

스톡데일 장군은 미국의 해군 고위 장교였다. 베트남 전쟁 중 1965년부터 1973년까지 8년간 수용소에 갇혀 있었다. 전쟁포로의 권리는 보장받지 못했고 정해진 석방일자도 없었다. 가족의 생사를 알 수도 없었고, 가족도 그의 생사를 알 수 없었다.

짐 콜린스와의 인터뷰에서 스톡데일 장군은 이렇게 말했다.

"나는 마지막 결말에 대한 믿음을 잃은 적이 없어요. 거기서 풀려날 거라는 희망을 추호도 의심한 적이 없거니와, 한 걸음 더 나아가 결국에는 성공하여, 그 경험을 돌이켜 보아도 바꾸지 않을 내 생애의 전기로 전환시키고 말겠노라고 굳게 다짐하곤 했습니다."

짐 콜린스가 물었다. "수용소에 많은 사람들 중 견뎌 내지 못한 사람들은 누구였습니까?"

"간단하지요. 바로 '낙관주의자'들입니다. 그러니까 '크리스마스 때까지는 나갈 거야'하고 말하던 사람들 말입니다. 그러다가 크리스마스가 오지만 그냥 지나가 버립니다. 그러면 그들은 말합니다. '부활절까지는 나갈거야.' 그리고 부활절이 지나가지요. 다음에는 추수 감사절, 그리고는 다시 크리스마스를 고대합니다. 그러다가 상심하고 풀이 죽어있다가 결국 죽지요."

스톡데일은 포로수용소들의 동료들에게 말했다. "우린 크리스마스 때까지 못 나간다. 10년이고 20년일 수도 있다. 그에 대비해라."

명저 〈죽음의 수용소에서 Man's Search for Meaning〉를 쓴 빅터 프랭클 Victor Frankl 은 실제 4군데의 유대인 집단 수용소에서 처절한 3년을 지내고 살아남았다.

홀로코스트 Holocaust 가 처참하게 진행되는 동안, 삶에 대한 강한 목적의식이 없는 사람들은 제 풀에 지쳐 무너졌다고 그는 말한다. 스톡데일 패러독스와 맞닿는 이야기이다.

"자신의 삶에 대한 의미를 깨닫고, 아직 오지 않은 더 멋진 의미들을 발견하기 위한 목적의식이 있는 사람들." 이것이 죽음의 수용소를 견딘 사람들의 특징이었다.

　이들은 차가운 이성은 물론이고, 미래에 대한 희망을 잊지 않았다. 우리가 다락방을 찾아가는 여정도 마찬가지다. 그리고 만약 운좋게 다락방에 올라갔다 하더라도 그렇다. 그 여정은 계속되어야 한다. 다시 한번 말하지만, 다락방 문을 한 번 열었다고 해서 영원히 눌러 앉을 권리를 보장받는 것은 아니다.

희망도 절망도 없이

왜 방황하는가.

왜 쉽사리 만족하지 못하는가.

갈망의 원인을 만족시키지 못하기 때문이다. 그것 말고 다른
것으로는 채울 수 없기 때문이다. 그것이 방황의 이유다. 방황하
는 사람은 특별하다.

갈망의 원인은 무엇인가. 다른 것으로는 채워지지 않은 그 목
마름은 무엇인가. 왜 남들이 좋아하는 것으로는 만족하지 못하는
가. 도대체 그것이 무엇이길래 갈망이 깊어져 가는가.

배 부르고 등 따스운 것은 방황하는 사람들을 만족시키지 못
한다. 삶은 다음 미끼로 피가 섞인 자손들을 만들어주고 어울려
술 한잔 할 만한 사람들도 내주었다. 방황하는 사람들은 이런 것
들도 곧 시들해졌다. 어디 보자. 사람들 중 우두머리가 되게 해주
겠다. 이 세계는 우리를 유혹해 무릎을 꿇리려는 듯, 아껴둔 카드

를 보여주었다. 이쯤 되면 대부분은 만족했기 때문이다. 하지만 방황하는 사람들은 여전히 목이 마르다. 이것보다 더 멋진 것이 존재한다는 것을 알기 때문이다. 그렇기 때문에 방황하는 사람은 특별하다.

인류의 역사를 돌아보자. 사람들의 헛헛한 마음을 채웠던 것은 시대에 따라 변화했다. 호랑이나 곰한테 제사를 지내다가 나중엔 신이나 왕이 그 자리를 채웠다. 이들이 내 근원이며, 삶의 의미였다. 그 이상을 생각한다는 것은 적합하지 않았다.

그 자리를 민족이 차지하기도 했다. 그리고 나중엔 국가가 민족을 대체했다. 국가는 우리를 먹여주고 보호해주므로 우리도 국가를 위해 아이를 낳고 돈을 벌었다. 아이를 낳는 것은 애국이기도 했다. 물론 그 역할은 회사도 일부 나누어 가졌다. 회사는 생계를 위한 돈을 지급했고, 복지라는 이름으로 여러 혜택을 주었다. 국적보다 때로는 회사가 더 강한 정체성이 되기도 한다. 그러나 이제 이런 시절은 다 지나갔다. 호랑이나 곰이 우리를 보호해줄 수 없다는 걸 깨달은 것처럼, 우리는 왕이나 국가나 회사가 우리를 책임질 수 없다는 것을 다 알아버렸기 때문이다.

결국 우리는 알아야 한다. 삶에 대한 모든 중요한 것은 아주 개인적일 수밖에 없다. 함석헌 선생의 말처럼, 에머슨의 생각처럼, 모든 혁명은 개인에게서 나와야 그 임무가 완수된다. 개인이 곧 우주다. 삶의 의미와 현실 사이의 빈 공간은 개인이 매꾸어야 한다.

그 답은 철학이 될 수도 있고 인문학이 될 수도 있다. 하지만 키케로와 아리스토텔레스를 공부하면 이 방황을 잠재울 수 있노라고 선뜻 말할 수 없다. 2천 년간 이어 온 철학사에 입문함으로 인해 이 방황을 끝내는 것은 아주 먼 이야기처럼 느껴진다.

다락방이라는 메타포는 내가 제시하는 해법이다.

르네상스 이후 "나"에 대한 연구는 계속 되었고, 심리학적 과학적인 연구결과는 인간의 뇌와 욕망의 지표를 넓혔다. 예전에는 신학자나 과학자가 기존 이론을 집대성했다. 융합을 통해 인류를 새로운 단계로 진입시키는 그 역할 말이다. 자본주의에서는 그 융합과 집대성의 역할을 마케팅 전략가들이 하게 되었다. 다름이 아니라 돈이 모이는 곳이 마케팅이기 때문이다. 돈을 쓰는 주체인 소비자를 이해하는 것은 전략의 기초였으며, 그것이 기업을 생존할 수 있게 하는 단 하나의 정답이기 때문이다. 마케팅 전략가들은 인문학은 물론이요 신경과학, 생물학, 심리학, 행동경제학 같은 연구 결과를 모조리 흡수했다. 그것을 나는 욕망의 지도라고 불렀다. 그 욕망의 지도에는 다행히 물질적인 것 이상을 추구하는, 여러분이나 나 같은 특별한 사람들에 대한 이야기도 쓰여 있다. 나는 자기실현과 자기초월에 대한 그 꼭대기 욕망에 대해 이런 이름을 붙였다.

다락방.

다락방을 찾아 가는 것 역시 쉬운 일은 아니다. 하지만 다락방에 대해서 알지 못하고 여기저기 기웃거리던 사람들은 적어도 자신의 목적지를 알게 된 셈이다.

다락방에 들어가기 위해서는 자신이 누구인지를 알아야 하고, 자신의 고유성에서 삶의 의미를 발굴해야 한다. 그러나 내가 누구인지, 내 고유한 스토리는 무엇인지 아는 것은 지리한 싸움이다. 한 번의 도전으로는 어림도 없는 일이다.

나는 다락방으로 들어가는 열쇠 꾸러미를 소개했다. 세 가지 열쇠다. 이 열쇠를 통하면 내가 누구인지 알 수 있게 된다. 내 말에 반향하는 "내 사람"들을 보면 나를 알 수 있다. 사람들이 진실의 거울이 된다. 나는 볼 수 없었던 숨겨진 뒷모습이 누구나 있다. 그것은 사람들을 통해 발견된다.

나 자신이 그것을 볼 수 있는 것 아니냐고? 그것을 진작에 볼 수 있었다면 여러분이 방황할 일도 없었을 것이다.

사람들로부터 나를 발견하는 것은 노력과 시간의 싸움이다. 얼마나 걸릴지는 나도 모르겠다. 3년이 걸릴 수도 있고, 10년이 걸릴지도 모르겠다. 하지만 반드시 우리는 다락방에서 만난다. 차가운 머리로 현실을 직시하되 뜨거운 가슴으로 희망을 잃지 않아야 한다. 스톡데일 패러독스를 떠올리자. 그리고 매일 매일 우리는 이런 마음으로 살자. 희망도 절망도 없이. 일희일비하지 말고. 그렇게 한 걸음 한 걸음 내가 가야할 길을 걷자. 그것이 우리의 허기진 영혼을 달래는 유일한 길이다. 육체가 소멸하는 노년까지 현실에서도 행복하게 살 수 있는 검증된 길이다.

당신은 특별하다. 그러므로 한 걸음을 떼자. 그리고 걷자.

희망도 절망도 없이.

희망도 절망도 없이

그렇게 묵묵히 · 마혜D.